Une lampe à nos pieds

Langham

PREACHING RESOURCES

Une lampe à nos pieds

La Parole de Dieu pour le monde d'aujourd'hui

John R. W. Stott

Traduit de l'anglais par Michael McGowan

Langham
PREACHING RESOURCES

© Les exécuteurs testamentaires littéraires de John R. W. Stott, 2021

Publié en 2021 par Langham Preaching Resources
Une marque de Langham Publishing
www.langhampublishing.org

Les éditions Langham Publishing sont un ministère de Langham Partnership.

Langham Partnership
PO Box 296, Carlisle, Cumbria, CA3 9WZ, UK
www.langham.org

ISBN :
978-1-83973-513-4 Print
978-1-83973-515-8 Mobi
978-1-83973-514-1 ePub
978-1-83973-516-5 PDF

Sauf indication contraire, les citations bibliques sont tirées de la nouvelle version de la Bible Segond révisée dite « La Colombe ». Copyright 1978, Société Biblique Française.

Traduit de l'anglais par Michael McGowan.

Édition originale publiée en langue anglaise sous le titre : *God's Word for Today's World*, Carlisle, Cumbria, Langham Preaching Resources, 2015.

Les citations qui figurent dans ce livre et sont tirées d'ouvrages en anglais ont toutes été traduites par le traducteur.

British Library Cataloguing in Publication Data
A catalogue record for this book is available from the British Library

ISBN : 978-1-83973-513-4

Mise en page et couverture : projectluz.com

Préface

John Stott était connu pour sa capacité d'expliquer la Bible avec clarté et avec pertinence. À travers le monde, des milliers de personnes ont exprimé leur reconnaissance pour la manière dont il leur a fait découvrir la puissance dynamique de la Bible. Bien plus encore, ses livres et ses prédications sont reconnus pour avoir bâti des ponts entre les Écritures et le monde contemporain, car il avait le souci d'écouter les deux mondes, et d'établir une relation entre les deux.

Publié tout d'abord sous le titre *La Bible : un livre pour aujourd'hui*, ce livre reflète le souci de Stott de voir les Écritures prises au sérieux à toutes les époques et dans toutes les cultures. Ces chapitres correspondent à cinq sermons prêchés à All Souls Church, à Londres, entre février et mars 1980. C'est pourquoi chaque chapitre est l'explication et l'application d'un texte de la Bible.

Pour la présente édition, le livre a été révisé et remis à jour par Catherine Nicholson. Mais son contenu reste en grande partie le même que lorsque ce livre a été publié pour la première fois en 1982. Stott aborde des thèmes qui sont tout aussi importants aujourd'hui qu'à l'époque de la rédaction du livre d'origine. Comme Stott l'a écrit dans la préface de la première édition : « Ceci est un livre de base qui concerne l'attitude que doit avoir le chrétien envers les Écritures et la manière dont la Bible parle d'elle-même. Ce sont des vérités qui doivent être réaffirmées aujourd'hui, car ce sont elles qui nous permettent d'affronter les nombreux problèmes urgents de notre temps. » C'est un privilège pour Langham Partnership de mettre ce livre à la disposition d'une nouvelle génération de lecteurs à travers le monde.

Catherine Nicholson & Jonathan Lamb
Avril 2014

Introduction

Quelques remarques préliminaires, avant d'aller plus loin.

Tout d'abord, je voudrais nous rappeler que la Bible figure parmi les meilleures ventes de livres au monde. Pourquoi ? La Bible complète a été traduite en plus de 500 langues, et le Nouveau Testament en plus de 1 300 langues. Certains estiment que plus de 5 milliards d'exemplaires de la Bible ont été imprimés. Il est donc bon de se poser la question : pourquoi ce vieux livre reste-t-il si populaire de nos jours ?

Deuxièmement, et de manière paradoxale, ce livre *tant acheté* est aussi un livre *très négligé*. Il est probable que des dizaines de milliers de personnes achètent la Bible sans la lire. Même dans les Églises, peu connaissent le contenu de la Bible. Il y a bien longtemps, Cyril Gilbert, à l'époque encore archevêque de York, a écrit : « La grande majorité des gens (en Angleterre) ne prient que dans les moments d'extrême besoin, ne lisent leur Bible que pour trouver la réponse aux questions des mots croisés, et ne fréquentent les églises qu'au moment de baptêmes, de mariages et d'enterrements. » Il a écrit cela il y a plus d'un siècle ; mais ce qu'il dit est encore plus vrai de nos jours.

- Peu de parents lisent la Bible à leurs enfants et encore moins leur montrent comment son enseignement s'applique à nos vies.
- Peu de membres de nos Églises méditent les textes de la Bible au quotidien.
- Peu de prédicateurs « luttent » avec les textes bibliques afin de comprendre leur sens original et leurs applications au monde d'aujourd'hui.
- Certains responsables d'Églises osent exprimer publiquement leur désaccord avec l'enseignement éthique et doctrinal des Écritures.

Cette situation est tragique. Comment y remédier ?

Ma troisième remarque concerne ma conviction que la Bible est un livre – *le* livre par excellence – qui s'adresse au monde actuel. La Bible est la Parole de Dieu pour le monde d'aujourd'hui. Jusqu'à il y a peu, toutes les dénominations chrétiennes reconnaissaient l'inspiration et l'autorité unique de la Bible. La soumission à l'autorité des Écritures a toujours été – et est encore – l'une des marques distinctives des chrétiens. Nous croyons ce qu'elle nous enseigne. Nous nous approprions ses promesses. Nous obéissons à ses commandements.

Pourquoi ? En grande partie parce que nous croyons que la Bible est véritablement la Parole de Dieu. Mais aussi parce que Dieu nous parle à travers ce livre et nous y fait entendre sa voix vivante. La Bible a été un livre pour les gens du passé. Elle sera, sans aucun doute, un livre pour le monde de demain. Mais, pour nous, elle est un livre qui nous parle *aujourd'hui*.

Ainsi donc, sa popularité incessante, la négligence regrettable dont elle est victime et sa pertinence pour le monde actuel constituent trois bonnes raisons pour lesquelles nous devons prêter attention à *Une lampe à nos pieds : la Parole de Dieu pour le monde d'aujourd'hui.*

1

Dieu et la Bible

Notre premier thème, « Dieu et la Bible », aborde la question de la révélation. Pour y réfléchir, je vous propose de lire le texte d'Ésaïe 55.8-11. C'est Dieu lui-même qui parle :

> Car mes pensées ne sont pas vos pensées,
> Et vos voies ne sont pas mes voies
> – Oracle de l'Éternel.
>
> Autant les cieux sont élevés au-dessus de la terre,
> Autant mes voies sont élevées au-dessus de vos voies
> Et mes pensées au-dessus de vos pensées.
>
> Comme la pluie et la neige descendent des cieux
> Et n'y retournent pas
> Sans avoir arrosé, fécondé la terre
> Et fait germer (les plantes),
> Sans avoir donné de la semence au semeur
> Et du pain à celui qui mange,
>
> Ainsi en est-il de ma parole qui sort de ma bouche :
> Elle ne retourne pas à moi sans effet,
> Sans avoir exécuté ma volonté
> Et accompli avec succès
> Ce pour quoi je l'ai envoyée.

De ce texte magnifique, nous pouvons tirer trois leçons.

La *nécessité* de la révélation : pourquoi Dieu a-t-il besoin de nous parler ?

Certains trouvent l'idée même de la révélation difficile à concevoir. L'idée que Dieu se révèle aux hommes leur semble impossible. « *Pourquoi* le ferait-il ? » demandent-ils. Et « comment le *peut*-il ? » Mais, pour nous, la nécessité de la révélation est une évidence. Nous ne pouvons pas comprendre Dieu s'il ne se révèle lui-même aux hommes. Nous avons donc besoin que Dieu se révèle. Depuis toujours, la plupart des gens ont du mal à comprendre les mystères de la vie et de l'expérience humaine. C'est pourquoi la grande majorité d'entre nous admet avoir besoin d'une sagesse extérieure à nous-mêmes pour comprendre le sens de notre existence – sans parler de l'existence de Dieu, si Dieu il y a. Laissez-moi vous parler de Platon, un philosophe de la Grèce antique. Dans le *Phédon*, l'auteur compare l'homme qui veut comprendre l'existence à un tout petit « radeau » sur la mer, ballotté par les vagues du doute et des questions sans réponse. L'exercice n'est « pas sans risques », admet-il, « si un homme ne peut trouver un quelconque mot de Dieu qui le porte de manière sûre et certaine ».

Sans la révélation, sans l'instruction et la direction divines, nous serions comme un bateau à la dérive, comme une feuille emportée par le vent, comme un aveugle qui tâtonne dans le noir. Comment trouver notre chemin ? Plus important encore, comment trouver le chemin *de Dieu,* si Dieu ne nous dirige ?

> Comment trouver le chemin *de Dieu,* si Dieu ne nous dirige ?

Les versets 8 et 9 nous apprennent qu'il est impossible pour l'homme de découvrir Dieu par sa seule intelligence : « Car mes pensées ne sont pas vos pensées, et vos voies ne sont pas mes voies. Autant les cieux sont élevés au-dessus de la terre, autant mes voies sont élevées au-dessus de vos voies et mes pensées au-dessus de vos pensées. » Autrement dit, il y a une très grande différence entre les pensées des hommes et les pensées de Dieu. Ces versets contrastent les voies et les pensées de Dieu, d'une part, et les voies et les pensées des hommes, d'autre part. Il y a un énorme abîme entre ce que *nous* pensons et faisons, et ce que *Dieu* pense et fait. Les voies et les pensées de Dieu sont aussi éloignées des voies et des pensées des hommes que les cieux sont éloignés de la terre. Or, cette distance est infinie !

Réfléchissons un instant aux pensées de Dieu. Comment connaître ses pensées et pénétrer son esprit ? Nous ne pouvons même pas lire les pensées d'autres êtres humains – bien que nous essayions de le faire ! Nous scrutons les visages pour voir si la personne sourit ou fronce les sourcils. Nous observons les yeux pour voir s'ils sont sévères, brillants, sérieux ou gais. Mais c'est une entreprise dangereuse. Tentons l'expérience ! Si je me tiens devant vous, sans rien dire, le regard impassible, vous n'aurez pas la moindre idée de ce qui se passe dans ma tête. Pour vous le prouver, bien que je sois en train de vous prêcher ce message, je vais arrêter de parler pendant quelques instants… Alors, dites-moi, à quoi est-ce que je pensais, pendant ces moments de silence ? Je vais vous le dire. J'escaladais le clocher de l'église de All Souls, essayant d'atteindre le sommet ! Mais vous ne le saviez pas ! Vous n'aviez pas la moindre idée de ce qui se passait dans ma tête. Bien sûr que non ! Car vous ne pouvez pas lire mes pensées. Si nous nous taisons, il est impossible de connaître les pensées des uns et des autres.

Connaître les pensées du Dieu tout-puissant est encore moins possible que de connaître les pensées des hommes ! Car ses pensées sont infinies. Elles dominent nos pensées comme les cieux dominent la terre. Il serait absurde de penser que nous pourrions pénétrer les pensées de Dieu. Il n'existe pas d'échelle permettant à nos petits esprits de grimper jusqu'au sien. Il n'existe pas de pont qui franchisse l'infini abîme qui nous sépare. Il n'existe aucun moyen d'atteindre Dieu, ni de sonder son être.

Si Dieu ne prenait pas l'initiative de nous révéler ses pensées, nous ne pourrions jamais savoir ce qui se passe en son esprit. L'idée de la révélation est donc tout à fait raisonnable et rationnelle. Si Dieu ne se révélait pas aux hommes, nous ne pourrions jamais le connaître. Et tous les autels du monde, tout comme celui qu'a vu Paul à Athènes, comporteraient la même inscription tragique : « À UN DIEU INCONNU » (Ac 17.23).

Il est bon de commencer notre étude de cette manière. Car cette première réflexion nous rend humbles devant un Dieu infini. Elle peut aussi nous rendre plus sages, en nous faisant comprendre à quel point l'idée de la révélation est rationnelle *et nécessaire*.

Le *moyen* de la révélation : comment Dieu a-t-il parlé ?

Nous nous rendons compte de la *nécessité* de la révélation. Mais *comment* Dieu se révèle-t-il ? En principe, de la même manière que nous dévoilons nos pensées humaines les uns aux autres ! C'est-à-dire par nos paroles et par nos œuvres, par ce que nous disons et par ce que nous faisons.

a) Ses œuvres

La créativité et l'art ont toujours été des moyens privilégiés d'expression de soi. Nous pouvons être conscients d'avoir quelque chose en nous que nous voulons exprimer et nous luttons jusqu'à ce que nous « accouchions » de notre idée ! Certaines personnes sont musiciennes ou poètes ; d'autres se tournent vers les arts visuels – le dessin, la peinture, la photographie, la poterie, la gravure, la sculpture, la danse ou le théâtre. Il est intéressant de noter que, de tous ces supports artistiques, pour parler de Dieu, c'est la poterie qui est utilisée le plus fréquemment dans les Écritures – sans doute parce que le potier était un personnage bien connu dans les villages palestiniens de l'époque. Ainsi, nous lisons que Dieu a « formé » ou « façonné » la terre. Il a aussi « formé » et « façonné » les hommes afin qu'ils habitent la terre formée et façonnée par lui (par ex. Gn 2.7 ; Ps 8.3 ; Jr 32.17).

De plus, dans ses œuvres, Dieu se fait connaître lui-même. « Les cieux racontent la gloire de Dieu » (Ps 19.1) et « Toute la terre est pleine de sa gloire » (Es 6.3). Aussi, comme Paul l'écrit au commencement de sa lettre aux Romains, « car ce qu'on peut connaître de Dieu est manifeste pour eux, car Dieu le leur a manifesté. En effet, les (perfections) invisibles de Dieu, sa puissance éternelle et sa divinité, se voient fort bien depuis la création du monde, quand on les considère dans ses ouvrages. Ils sont donc inexcusables » (Rm 1.19-21). En d'autres mots, comme les artistes humains se dévoilent dans leurs tableaux, sculptures ou musiques, de la même manière l'artiste divin se révèle dans la beauté, l'équilibre, la délicatesse et l'ordre de la création. De la création nous apprenons quelque chose de la sagesse, de la puissance et de la fidélité de Dieu. Habituellement, on s'y réfère en parlant de la révélation « naturelle », car elle est donnée *dans* et *par* la « nature ».

b) Ses paroles

Ésaïe 55 fait allusion non pas aux œuvres, mais à une deuxième manière, plus directe, de se faire connaître à d'autres. Il parle de nos paroles. Dieu aussi se fait connaître aux hommes, par ses *paroles*. Le langage verbal est le meilleur moyen de communication entre deux personnes. Plus tôt, je vous ai dit que si je me tiens dans cette chaire, sans rien dire et le visage immobile, vous ne pouvez pas savoir ce qui se passe dans ma tête. Or, maintenant, vous savez ce que je pense, parce que je parle ! Je m'exprime. Je revêts les pensées dans mon esprit de paroles qui sortent de ma bouche. Les paroles de ma bouche vous font connaître les pensées qui sont dans ma tête.

Le langage verbal est donc le meilleur moyen de communiquer avec d'autres. Et c'est le principal modèle utilisé dans les Écritures pour illustrer la manière dont Dieu se révèle aux hommes. Reprenons ensemble notre texte et relisons les versets 10 et 11 : « Comme la pluie et la neige descendent des cieux et n'y retournent pas sans avoir arrosé, fécondé la terre et fait germer (les plantes), sans avoir donné de la semence au semeur et du pain à celui qui mange, ainsi en est-il de ma parole… » Notez la deuxième mention du ciel et de la terre : c'est parce que les cieux sont plus élevés que la terre que la pluie descend du ciel pour arroser la terre. Notez aussi que l'auteur passe directement des pensées qui sont dans l'esprit de Dieu aux paroles qui sortent de sa bouche : « Ainsi en est-il de ma parole qui sort de ma bouche : elle ne retourne pas à moi sans effet, sans avoir exécuté ma volonté et accompli avec succès ce pour quoi je l'ai envoyée. » Le parallèle est très clair. Tout comme les cieux sont plus élevés que la terre, mais la pluie descend du ciel pour arroser la terre, les pensées de Dieu sont plus élevées que nos pensées, mais elles descendent vers nous, parce que sa parole sort de sa bouche pour nous faire connaître ses pensées. « Car », comme le prophète l'a dit précédemment, « la bouche de l'Éternel a parlé » (Es 40.5). Ésaïe parle ici de l'un de ses propres oracles (donc humain), mais le décrit comme étant un message sorti de la bouche de Dieu (donc divin). C'est ce que dit Paul dans 2 Timothée 3.16 : « Toute Écriture est *inspirée de Dieu* » (italiques ajoutés ; littéralement : « soufflée de la bouche de Dieu »). Par conséquent, toute la Bible est la Parole de Dieu, qui sort de sa bouche.

Ayant dit ces choses, il me semble important de qualifier ces affirmations, afin de clarifier notre compréhension de la manière dont Dieu nous communique sa Parole.

Tout d'abord, *la Parole de Dieu* (aujourd'hui mise par écrit dans la Bible) *était intimement liée à ses actions*. Autrement dit, Dieu a parlé à son peuple aussi bien par ses actions que par ses paroles. Il s'est fait connaître à Israël dans les événements de son histoire, et en a dirigé les étapes pour amener Israël à la fois au salut et au jugement. Ainsi, il a libéré son peuple de l'esclavage en Égypte :

> Toute la Bible est la Parole de Dieu, qui sort de sa bouche

- il les a gardés dans le désert, et les a établis dans la terre promise ;
- il a préservé leur identité nationale pendant la période des Juges ;
- il a cédé à leur demande d'avoir des rois humains, bien que cette demande soit un rejet partiel du règne de Dieu sur son peuple ;
- il a puni leur désobéissance persistante en les faisant déporter à Babylone ;
- il les a ramenés dans leur pays, a restauré la nation et a fait reconstruire son temple.

Puis, surtout, il a envoyé son Fils éternel, Jésus-Christ, pour le salut des pécheurs que nous sommes. Jésus est né, a vécu et a œuvré parmi nous, a souffert et est mort à la Croix. Il est ressuscité et nous envoie son Esprit. Par tous ces actes, tout d'abord dans l'Ancien Testament et, de manière suprême, en Christ, Dieu se révèle activement et personnellement aux hommes.

C'est pour cette raison que certains théologiens à la mode, faisant une distinction nette entre la révélation « personnelle » de Dieu (à travers ses actions) et la révélation « propositionnelle » de Dieu (à travers ses paroles), rejettent la révélation par ses paroles en faveur de la révélation par ses actions. Or, une telle polarisation n'est pas nécessaire. Nous n'avons pas à choisir entre ces deux types de révélation. Dieu a utilisé les deux. De plus, il y avait une relation étroite entre elles, car les paroles de Dieu *expliquaient* ses actes. Dieu a suscité des prophètes afin d'expliquer ses actions envers Israël ; il a suscité des apôtres afin d'expliquer son œuvre en Jésus-Christ. Il est vrai que c'est dans la personne de Jésus que Dieu se révèle le plus parfaitement. Jésus est la Parole de Dieu faite chair. Il a manifesté sa gloire. Avoir vu Jésus, dit Jean, c'est avoir vu le Père (voir Jn 1.14, 18 ; 14.9). Néanmoins, cette révélation historique et personnelle ne nous aurait rien apporté si Dieu n'avait pas, par la même occasion, expliqué la signification de la personne et de l'œuvre de son Fils en nous parlant dans sa Parole.

Nous devons donc éviter de tomber dans le piège de vouloir opposer la révélation « personnelle » et la révélation « propositionnelle » comme des alternatives exclusives. Ce serait plus juste d'affirmer que Dieu s'est révélé *et* en Christ *et* dans le témoignage biblique le concernant. Aucun des deux n'est suffisant sans l'autre.

Deuxièmement, *la Parole de Dieu nous est communiquée par des paroles humaines.* Quand Dieu a parlé, il ne l'a pas fait de manière audible, en faisant entendre sa voix directement du ciel ! Non, Dieu a parlé par les prophètes (dans l'Ancien Testament) et par les apôtres (dans le Nouveau Testament), qui étaient des êtres humains comme vous et moi. L'inspiration divine de la Bible n'était pas un processus mécanique réduisant les auteurs humains à des machines. L'inspiration divine était un processus personnel qui, d'ordre général, laissait les auteurs humains en pleine possession de leurs facultés. Il suffit de lire la Bible pour s'en rendre compte. Les auteurs des récits historiques (et il y a beaucoup de récits historiques dans la Bible – dans l'Ancien Testament et dans le Nouveau Testament) ont d'abord consulté des sources historiques de leur époque avant d'écrire leurs textes. Dans l'Ancien Testament, certaines de ces sources sont citées par leur nom. Aussi, au commencement de son Évangile, Luc nous parle des recherches historiques sérieuses qu'il a effectuées avant d'écrire son livre. Remarquons aussi que tous les auteurs bibliques ont développé leurs styles d'écriture personnels et leurs accents théologiques particuliers. Nous voyons ainsi l'immense diversité des Écritures. Néanmoins, à travers ces approches diverses, Dieu parlait !

Cette vérité sur les deux auteurs de la Bible (ce sont les paroles *de Dieu* et les paroles *des hommes* – ou, encore plus exactement, la Parole de Dieu *à travers* les paroles des hommes) est conforme à ce que dit la Bible elle-même. Par exemple, la loi de l'Ancien Testament est parfois appelée « la loi *de Moïse* » (qui était un homme), mais aussi « la loi *de Dieu* » ou encore « la loi *du Seigneur* ». En Hébreux 1.1, nous lisons que *Dieu* a parlé aux pères par les prophètes. Pourtant en 2 Pierre 1.21 nous lisons que *les hommes* ont parlé de la part de Dieu, « poussés par l'Esprit ». Ainsi *Dieu* a parlé et *les hommes* ont parlé. Les hommes ont parlé *de sa part* et Dieu a parlé *à travers* eux. Ce sont deux vérités complémentaires.

D'ailleurs, elles sont inséparables. Comme c'est le cas pour la Parole incarnée (Jésus-Christ), qui est à la fois parfaitement Dieu et parfaitement homme, dans la Parole écrite de Dieu (la Bible) les aspects divins et humains sont également entremêlés et ne se contredisent pas. Cette analogie, développée très tôt dans l'histoire de l'Église, est souvent critiquée de nos jours. Et il est clair qu'elle manque de précision, puisque Jésus est une personne, tandis que la Bible est un livre. Néanmoins, elle est utile, pourvu que nous en reconnaissions les limites. Par exemple, nous ne devons jamais affirmer la divinité de Jésus de telle manière que nous renions son humanité ni affirmer son humanité de manière à renier sa divinité. Il en est ainsi de la Bible. D'une part, la Bible est la Parole *de Dieu* : Dieu a parlé, ayant décidé lui-même ce qu'il voulait dire aux hommes, mais sans pour autant trahir la personnalité des auteurs humains. D'autre part, la Bible est la parole *des hommes* : des hommes ont parlé, se servant librement de leurs capacités humaines, mais en faisant attention à ne pas trahir la véracité du message divin.

Le fait qu'il y ait deux auteurs des textes bibliques n'affecte pas la manière dont nous lisons la Bible. Puisqu'il s'agit d'un livre humain, nous le lirons comme tout autre livre écrit par des hommes, en nous servant de notre intelligence, cherchant à comprendre le sens des mots et leur signification pour nos vies, les bases historiques du texte et sa composition littéraire. Mais, parce qu'il s'agit aussi de la Parole de Dieu, nous ne l'étudierons pas comme aucun autre livre, mais à genoux, humblement, demandant à Dieu de nous éclairer par son Saint-Esprit, sans qui nous ne pourrions jamais comprendre Sa Parole.

Le *but* de la révélation : pourquoi Dieu a-t-il parlé ?

Nous avons vu *comment* Dieu nous a parlé. Maintenant, *pourquoi* Dieu nous a-t-il parlé ? La réponse est que ce n'est pas seulement pour nous enseigner, mais aussi pour nous sauver ; pas seulement pour nous instruire, mais, plus spécifiquement, « en vue du salut » (2 Tm 3.15). Le but de la Bible est toujours extrêmement pratique !

Dans le texte d'Ésaïe 55, nous voyons que les versets 10 et 11 le montrent clairement. La pluie et la neige descendent du ciel et n'y retournent pas. Elles accomplissent sur terre ce pour quoi elles sont venues. Elles arrosent. Elles font fleurir. Grâce à elles, la terre porte ses fruits. De la même manière, la Parole de Dieu, sortie de la bouche de Dieu et nous révélant sa pensée, ne lui revient pas à vide. Elle accomplit le but pour lequel elle est envoyée. Le but de Dieu en envoyant la pluie, et son but en envoyant la Parole, sont similaires. Dans les deux cas, il s'agit de porter des fruits. La pluie de Dieu permet à la terre de porter des fruits ; la Parole de Dieu permet aux êtres humains de porter des fruits. Puis la Parole de Dieu nous sauve, en nous transformant à l'image de Jésus-Christ. Le contexte est donc très certainement le salut. Car déjà aux versets 6 et 7 le prophète a parlé de la miséricorde et du pardon de Dieu, et, au verset 12, il parlera encore de la paix et de la joie du peuple racheté par Dieu.

> La Parole de Dieu permet aux êtres humains de porter des fruits

En fait, c'est ici que nous voyons la différence principale entre la révélation de Dieu *dans la création* (dite « naturelle », car Dieu se révèle dans la nature, et « générale », car elle est destinée à l'humanité tout entière) et sa révélation *dans la Bible* (dite « surnaturelle », car elle nous parvient par l'inspiration des auteurs bibliques, et « spéciale », parce qu'accordée à et communiquée par des individus choisis). Dans *sa création*, Dieu révèle sa puissance, sa gloire et sa fidélité. Or, nous n'y découvrons pas la voie du salut ! Si nous voulons connaître son plan de salut pour les pécheurs que nous sommes, nous devons nous tourner *vers la Bible*. Car c'est ici qu'on nous parle du Christ.

Conclusion

De notre texte d'Ésaïe 55 nous avons appris trois leçons :

- Tout d'abord, la révélation est non seulement rationnelle, mais aussi *nécessaire*. Sans elle, nous ne pourrions pas connaître Dieu.
- Deuxièmement, la révélation divine se fait *par le biais de paroles humaines*. Dieu a parlé aux hommes par des paroles d'hommes. Et, en parlant, Dieu explique ses œuvres.
- Troisièmement, *le but* de la révélation divine est le salut des hommes. Elle nous indique le chemin vers Jésus comme Sauveur.

Ma conclusion est très simple. Ce sera un appel à l'humilité. En effet, rien n'entrave plus la croissance spirituelle que l'arrogance ; et rien n'est aussi indispensable à la croissance que l'humilité ! Nous devons nous humilier devant le Dieu infini, en reconnaissant les limites de l'intelligence humaine (nous ne pourrions jamais le découvrir par nous-mêmes), et en reconnaissant aussi notre état de pécheurs (nous ne pourrions jamais l'atteindre par nos propres efforts).

Jésus appelle cela l'humilité des petits enfants. Il nous dit que Dieu ne se révèle pas aux sages et aux intelligents, mais qu'il se révèle aux « petits enfants » (Mt 11.25). En disant cela, Jésus ne cherche pas à amoindrir la place de notre intelligence, car c'est Dieu qui nous donne de pouvoir réfléchir. Il voulait plutôt nous montrer comment nous servir de l'intelligence que Dieu nous donne. L'intelligence ne nous est pas donnée pour que nous nous placions au-dessus de la Parole de Dieu, mais pour que nous nous soumettions humblement à elle, désireux de l'écouter, de la comprendre, de la mettre en pratique et de lui obéir dans tous les aspects pratiques de nos vies de tous les jours.

L' « humilité » d'un enfant se voit non seulement dans sa façon d'apprendre, mais aussi dans sa façon de recevoir. Les enfants vivent dans la dépendance. Rien de ce qu'ils possèdent n'est le fruit de leurs efforts. Tout ce qu'ils ont leur a été donné gratuitement. Ainsi donc, nous aussi, nous devons « recevoir le royaume de Dieu » comme des petits enfants (Mt 10.15). Car les pécheurs que nous sommes ne peuvent ni mériter ni gagner la vie éternelle (qui est la vie du royaume de Dieu) par nos propres efforts ; nous devons nous humilier, afin de la recevoir comme le don gratuit de Dieu.

2

Le Christ et la Bible

Notre premier thème était « Dieu et la Bible ». Nous avons réfléchi à la question de l'origine des Écritures et à la question de la révélation. Notre deuxième thème est « le Christ et la Bible ». Nous allons maintenant considérer *le but* de la Bible ; non plus *son origine* (d'où elle vient), mais ce pour quoi elle a été donnée. Notre texte est Jean 5.31-40. Dans ce texte, Jésus s'adresse aux Juifs et leur dit :

> Vous sondez les Écritures, parce que vous pensez avoir en elles la vie éternelle : ce sont elles qui rendent témoignage de moi. Et vous ne voulez pas venir à moi pour avoir la vie ! (Jn 5.39-40)

De ces quelques paroles de Jésus, nous tirons *deux vérités importantes* concernant le Christ et la Bible.

Les Écritures rendent témoignage au Christ

Jésus-Christ nous le dit très clairement : « Ce sont elles (les Écritures) qui rendent témoignage de moi » (v. 39). Le tout premier rôle des Écritures est de rendre témoignage à Jésus-Christ.

Le contexte de notre passage concerne le témoignage au Christ : quels types de témoignages confirmeraient les affirmations de Jésus de Nazareth ? C'est Jésus lui-même qui répond, en montrant, tout d'abord, qu'il ne s'appuie pas sur son seul témoignage pour prouver qui il est. Cela ressort très clairement au verset 31 : « Si c'est moi qui rends témoignage de moi-même, mon témoignage n'est pas vrai. » Bien entendu, Jésus n'est pas en train de dire qu'il ment ! D'ailleurs, plus tard il rejette un reproche des pharisiens, leur affirmant que ce qu'il dit de lui-même est vrai (Jn 8.12). Ce qu'il veut faire comprendre ici c'est que le témoignage qu'on rend à soi-même n'est jamais suffisant : des informations qui ne proviennent que d'une seule personne peuvent être considérées comme suspectes. C'est pourquoi il ajoute : « C'est un autre qui rend témoignage de moi » (v. 32). Jésus ne s'appuie donc pas sur son seul témoignage, mais sur le témoignage d'« un autre ». Aussi, ce témoignage d'« un autre » n'est pas humain. Il ne s'agit même pas du témoignage de Jean-Baptiste, bien qu'il soit un témoin remarquable par excellence. « Vous, vous avez envoyé auprès de Jean, et il a rendu témoignage à la vérité ; mais moi, je ne reçois pas témoignage de l'homme... » (v. 33-34, Darby.)

Jésus affirme donc que celui qui lui rend témoignage n'est ni lui-même, ni un être humain. Certes, Jean-Baptiste (un être humain !) était une « lampe qui brûle et qui brille » et « vous avez voulu vous réjouir une heure à sa lumière » (v. 35). Mais Jésus fait appel à un témoignage plus grand encore. Ce témoignage est même plus grand que son propre témoignage et plus grand que le témoignage des hommes, y compris le témoignage de Jean. Celui qui lui rend témoignage n'est autre que *Dieu le Père* : « Et le Père qui m'a envoyé a lui-même rendu témoignage de moi » (v. 37). De plus, le Père rend témoignage à Jésus de deux manières différentes. Tout d'abord, il lui rend témoignage par les miracles et prodiges que Jésus accomplit, grâce au Père (v. 36). Mais deuxièmement, et plus directement, le Père rend témoignage à Jésus dans les Écritures, qui sont le témoignage du Père à son Fils. Nous le voyons clairement dans les versets 36-39 :

> Moi, j'ai un témoignage plus grand que celui de Jean ; car les œuvres que le Père m'a donné d'accomplir, ces œuvres mêmes que je fais, témoignent de moi que le Père m'a envoyé. Et le Père qui m'a envoyé a lui-même rendu témoignage de moi. Vous n'avez jamais entendu sa voix, ni vu sa face, et sa parole ne demeure pas en vous, puisque vous ne croyez pas à celui qu'il a envoyé. Vous sondez les Écritures, parce que vous pensez avoir en elles la vie éternelle : ce sont elles qui rendent témoignage de moi.

Jésus a toujours enseigné que les Écritures de l'Ancien Testament sont la Parole de Dieu qui lui rend témoignage. Par exemple, dans Jean 8.56, il dit qu'« Abraham [...] a tressailli d'allégresse (à la pensée) de voir mon jour ». Et, dans Jean 5.46, il dit : « Moïse [...] a écrit à mon sujet ». Et, au verset 39 : « Ce sont elles (les Écritures) qui rendent témoignage de moi. » Au commencement de son ministère, lors du culte dans la synagogue de Nazareth, il a lu un texte d'Ésaïe 61, qui parle de la mission et du message de libération du Messie, avant de conclure : « Aujourd'hui, cette (parole de l')Écriture [...] est accomplie » (Lc 4.21). En d'autres mots, il leur dit : « Si vous voulez savoir de qui le prophète parlait dans ce texte, sachez qu'il parlait de moi ! » Jésus a continué à dire ce genre de choses, tout au long de son ministère. Même après sa résurrection, il reste dans la même pensée, car « il leur expliqua dans toutes les Écritures ce qui le concernait »

(Lc 24.27). Ainsi, du début jusqu'à la fin de son ministère, Jésus a déclaré que tout le témoignage prophétique de l'Ancien Testament, dans sa diversité, parlait de lui. « Les Écritures [...] rendent témoignage de moi. »

Or, ces Juifs contemporains de Jésus n'ont pas vu ce témoignage. Ils étudiaient la Bible avec beaucoup d'attention – et nous ne pouvons contester leur sérieux. « Vous sondez les Écritures », leur dit Jésus. Et c'est ce qu'ils faisaient. Ils passaient des heures et des heures à méditer les moindres détails des textes de notre Ancien Testament. Ils comptaient le nombre de mots, et même le nombre de lettres, dans chacun des livres de la Bible. Ils savaient que Dieu avait confié aux Juifs les paroles mêmes de Dieu (Rm 3.2). Ils pensaient que l'accumulation de connaissances des détails de la Bible pouvait leur procurer une bonne relation avec Dieu. « Vous étudiez avec soin les Écritures, parce que vous êtes convaincus d'en obtenir la vie éternelle » (Jn 5.39, Bible du Semeur). Quelle idée étrange d'imaginer que les Écritures elles-mêmes pourraient nous procurer la vie éternelle ! Les Écritures rendent témoignage au Christ comme celui qui nous apporte la vie. Et elles nous exhortent à venir à Jésus pour recevoir la vie. Mais, au lieu d'aller au Christ, ils pensaient pouvoir trouver cette vie dans les Écritures elles-mêmes. C'est un peu comme si vous receviez une ordonnance de votre médecin et que vous avaliez l'ordonnance, au lieu d'aller chercher et d'avaler les médicaments !

Certains d'entre nous commettent cette même erreur. Nous avons une approche quasi-superstitieuse de la Bible, pensant que le simple fait de la lire aura un effet magique sur nous. Mais il n'y a pas de magie dans la Bible et la lecture mécanique de la Bible n'a rien de magique. Nous devons plutôt comprendre que la Parole *écrite* de Dieu nous oriente vers la Parole *vivante* de Dieu, nous disant « Allez à Jésus ! » Si nous ne laissons pas la Bible nous orienter vers Jésus, nous passons à côté de la raison pour laquelle nous devons la lire.

Un chrétien évangélique n'est pas, ou ne devrait pas être, ce dont certains nous accusent, c'est-à-dire un « bibliolâtre », un adorateur de la Bible. Nous ne sommes pas des adorateurs de la Bible ; nous adorons le Christ que la Bible nous fait découvrir ! Imaginons un jeune homme épris d'une jeune femme. Cela peut être sa fiancée ou son épouse et il l'aime de tout son cœur. Il a une photo de sa bien-aimée dans son portefeuille, qu'il contemple quand elle est loin. Il lui arrive, quand personne ne le voit, de sortir la photo du portefeuille et de l'embrasser

> Si nous ne laissons pas la Bible nous orienter vers Jésus, nous passons à côté de la raison pour laquelle nous devons la lire

tendrement ! Or, embrasser une photo ne pourra jamais remplacer la réalité ! Et c'est pareil pour la Bible. Nous n'aimons la Bible que parce que nous aimons la personne qu'elle nous fait découvrir.

Ceci est la principale clé nous permettant de comprendre les Écritures. La Bible est le « portrait » divin de Jésus. La Bible rend témoignage à Jésus. Cela signifie que, lorsque nous lisons la Bible, nous devons chercher à y voir Jésus. Par exemple, il nous est dit que la loi de l'Ancien Testament est un « précepteur » qui nous conduit au Christ (Ga 3.24). La loi nous fait voir notre désobéissance et nous condamne ; elle nous montre notre besoin vital de Jésus comme Sauveur. La loi nous « pousse » vers Jésus, car le pardon ne se trouve qu'en lui seul.

> La Bible est
> le « portrait »
> divin de Jésus

Ensuite, les sacrifices de l'Ancien Testament annoncent le sacrifice de Jésus – le sacrifice parfait, offert une fois pour toutes pour nous racheter de nos péchés. Un autre exemple est l'enseignement des prophètes de l'Ancien Testament qui annoncent la venue du Messie. Ils disent que ce Messie – le Christ – sera un roi de la lignée de David qui inaugurera un règne de paix, de justice, de stabilité. Ils en parlent comme « la semence d'Abraham » en qui toutes les nations du monde seront bénies. Ils le décrivent comme le « serviteur souffrant de Dieu » qui mourra pour les péchés du peuple, et comme « le fils de l'homme qui vient sur les nuées du ciel » que les nations viendront adorer. L'ensemble de ces images prophétiques de l'Ancien Testament rend témoignage au Christ-Jésus.

Quand nous arrivons dans le Nouveau Testament, nous voyons Jésus encore plus clairement. Les Évangiles en sont remplis. Ils parlent de sa naissance, de son ministère public, de ses œuvres, de ses paroles, de sa mort, de sa résurrection, de son ascension au ciel et de l'envoi du Saint-Esprit. Le livre des Actes raconte ce que Jésus a *continué* de dire et de faire par les apôtres qu'il avait choisis et envoyés. Les lettres des apôtres présentent la gloire de Jésus dans sa personne à la fois totalement humaine et totalement divine, et dans son œuvre de salut des hommes.

Le dernier livre de la Bible, l'Apocalypse, est aussi centré sur le Christ. Car nous le voyons marchant au milieu des Églises, assis sur le trône de Dieu au ciel, vainqueur sur un cheval blanc et revenant avec puissance et gloire.

Chez moi, en Angleterre, les auteurs d'antan avaient l'habitude de dire que, tout comme tous les chemins de campagne et toutes les routes finiront par vous conduire à Londres, ainsi tous les versets et paragraphes de la Bible, les uns reliés aux autres, finiront par vous conduire à Jésus. Les Écritures rendent témoignage à Jésus ! Voilà donc pour la première vérité qui est clairement enseignée dans Jean 5.

Le Christ rend témoignage aux Écritures

Quand Jésus parle du témoignage de Jean-Baptiste, il dit qu'il s'agit d'un témoignage « humain » (Jn 5.33-34). Et il a ajouté que le témoignage qui lui est rendu « n'est pas d'un homme ». Le témoignage qui est rendu à Jésus est « plus grand ». Il s'agit du témoignage du Père, qui se manifeste à la fois dans ses œuvres (v. 36) et dans ses paroles (v. 38). Ici, nous avons donc une affirmation, on ne peut plus claire, que les Écritures de l'Ancien Testament sont la « parole » du Père et que le témoignage biblique n'est pas humain, mais divin.

Ici aussi, il s'agit de quelque chose que Jésus n'a cessé d'enseigner. En fait, la raison pour laquelle nous désirons nous soumettre à l'autorité des Écritures est que Jésus lui-même a authentifié l'autorité divine des Écritures. Si nous voulons comprendre cela (comme nous devrions le faire), nous avons besoin de faire une distinction entre l'Ancien et le Nouveau Testament. Il est clair que la Bible est constituée de ces deux testaments. Mais Jésus est né, a vécu et est mort *entre les deux testaments*. Par conséquent, la manière dont il authentifie l'un est différente de la manière dont il a authentifié l'autre. Il a vu l'Ancien Testament comme étant derrière lui : mais il a vu le Nouveau Testament comme étant encore à venir. Mais il les a authentifiés tous les deux.

a) Jésus a authentifié l'Ancien Testament

Non seulement Jésus a authentifié l'Ancien Testament comme étant la Parole de Dieu, comme nous l'avons vu, mais il a aussi dit que « l'Écriture ne peut être abolie » (Jn 10.35). Au commencement du Sermon sur la montagne, il affirme : « Ne pensez pas que je sois venu abolir la loi ou les prophètes. Je suis venu non pour abolir, mais pour accomplir. En vérité je vous le dis, jusqu'à ce que le ciel et la terre passent, pas un seul iota, pas un seul trait de lettre de la loi ne passera, jusqu'à ce que tout soit arrivé » (Mt 5.17-18). L'attitude personnelle de Jésus envers l'Ancien Testament était celle de la soumission respectueuse, car, en se soumettant à la Parole écrite, il se soumettait à la Parole du Père. Convaincu que sa mission était de Dieu, il a interprété sa mission de Messie à la lumière des prophéties de l'Ancien Testament, en ajoutant que certaines choses devaient encore arriver dans l'avenir, afin que les Écritures s'accomplissent.

De plus, Jésus a obéi à l'enseignement éthique de l'Ancien Testament. Nous le voyons, par exemple, lors de ses tentations dans le désert. Il ordonne au diable de le quitter à cause de ce qui est écrit dans les Écritures. Quelle que soit la nature des tentations du diable, Jésus n'était prêt ni à l'écouter ni à négocier avec Satan. Il était décidé à obéir à Dieu et non pas au diable. Et ce qu'en disait la Bible était déterminant à cet égard (par exemple Lc 4.4, 5, 12).

Jésus a aussi fait des Écritures la base de toutes ses réponses aux responsables religieux de son époque. Très souvent, il se trouvait impliqué dans des controverses et, à chaque fois, il faisait appel aux Écritures. Il s'en prenait aux pharisiens, car ils ajoutaient leurs traditions à la Parole ; et il s'en prenait aux sadducéens qui enlevaient des Écritures tout ce qui leur semblait surnaturel (par exemple l'idée de la résurrection des morts). Ainsi Jésus a honoré la Bible comme la Parole du Père, montrant que nous devons à la fois croire ce qu'elle nous dit et la mettre en pratique dans nos vies. Il n'autorisait aucun changement à ces textes, soit par soustraction, soit par addition.

Puis, bien entendu, il a déclaré que, du fait de sa venue, le temps de l'accomplissement était arrivé (par ex. Mc 1.14-15) et que le temps d'attente était terminé. Cela voulait dire, comme les disciples de Jésus ont dû le reconnaître très rapidement, que les non-Juifs (les Gentils) entraient dans le royaume de Dieu au même titre que les Juifs, et que le système cérémonial juif n'était plus nécessaire, y compris ses lois diététiques (Mc 7.19) et, surtout, ses sacrifices d'animaux pour le péché.

Or, il n'y a, dans les Évangiles, aucune trace d'un quelconque désaccord de Jésus avec les enseignements doctrinaux et éthiques de l'Ancien Testament. Il s'en prenait seulement aux fausses interprétations et aux distorsions des textes. C'est ce qu'il enseignait dans le Sermon sur la montagne, où, à six reprises, il dit en effet : « Vous avez entendu telle chose, mais moi, je vous dis autre chose. » Ce qu'ils ont « entendu » venait des « traditions des anciens ». Et c'était cette tradition que Jésus critiquait ; ce n'était pas l'enseignement de Moïse dans la loi. Car il reconnaissait l'enseignement de la Parole écrite comme la Parole du Père.

> Il serait donc impensable que le chrétien qui suit Jésus n'ait pas autant d'égard pour l'Ancien Testament que Jésus en avait

Si ces choses sont vraies, nous devons rappeler aussi que le disciple n'est pas au-dessus de son maître. Il serait donc impensable que le chrétien qui suit Jésus n'ait pas autant d'égard pour l'Ancien Testament que Jésus en avait. À quoi cela sert-il d'appeler Jésus « Maître » et « Seigneur » puis d'être en désaccord avec lui ? Nous n'avons pas cette liberté. Sa façon de voir les Écritures doit aussi être la nôtre. Puisque Jésus acceptait les Écritures comme étant la Parole écrite de Dieu, nous devons le faire aussi. Puisque Jésus obéissait à ces mêmes Écritures, nous aussi, nous devons leur obéir. Jésus a très clairement authentifié l'autorité de l'Ancien Testament.

b) Jésus a préparé le chemin de la rédaction du Nouveau Testament

Tout comme Dieu a appelé les prophètes de l'Ancien Testament à mettre par écrit et à interpréter ses actions et les a ensuite « envoyés » enseigner le peuple d'Israël, Jésus a « envoyé » ses apôtres, afin d'enseigner l'Église, voire le monde ! C'est le sens même du mot *apostolos*, qui signifie une personne « envoyée » en mission avec un message qui lui est confié. Ce parallèle entre les prophètes de l'Ancien Testament et les apôtres du Nouveau Testament est voulu. Jésus a choisi douze apôtres afin qu'ils soient avec lui – afin d'entendre ses paroles, voir ses œuvres et, ensuite, rendre témoignage de ce qu'ils avaient entendu et vu (voir Mc 3.14 ; Jn 15.27). Ensuite, il leur a promis le Saint-Esprit, afin de leur rappeler son enseignement et de le compléter, les conduisant dans la vérité de Dieu (Jn 14.25-26, 16.12-13). Cela explique pourquoi Jésus pouvait dire à ses apôtres : « Celui qui vous écoute, m'écoute ; celui qui vous rejette, me rejette » (voir Mt 10.40 ; Lc 10.16 ; Jn 13.20). En d'autres mots, il leur a donné son autorité, afin que l'attitude des gens envers leur enseignement reflète la leur envers le sien. Plus tard, Dieu a ajouté Paul et peut-être encore un ou deux autres au groupe des apôtres, en leur accordant la même autorité apostolique que les Douze.

Les apôtres eux-mêmes reconnaissaient l'autorité unique qui leur avait été confiée, en tant qu'enseignants de l'Église. À certains moments, ils n'ont pas hésité à se mettre sur un pied d'égalité avec les prophètes de l'Ancien Testament, étant, eux aussi, porteurs de la Parole de Dieu (1 Th 2.13). Ils parlaient et écrivaient au nom de Jésus et avec son autorité. Ils donnaient des ordres, en s'attendant à être obéis (par exemple 2 Th 3). Ils ont même donné l'ordre que leurs lettres devaient être lues dans les églises, lors des rassemblements des chrétiens pour le culte, mettant leurs écrits au même niveau que les Écritures de l'Ancien Testament (par exemple Col 4.16 ; 1 Th 5.27). C'est l'origine de la pratique de certaines dénominations d'Églises qui proposent la lecture d'un texte de l'Ancien Testament et d'un texte du Nouveau Testament lors du culte.

Un exemple frappant, qui montre à quel point Paul était conscient de son autorité apostolique, se trouve dans sa lettre aux Galates. Il avait franchi les monts de Taurus (une chaîne de montagnes en Turquie) pour leur rendre visite et était arrivé chez eux malade et souffrant. Il parle d'une défiguration qui a affecté sa vue (Ga 4.13-16) et ajoute : « Vous n'avez témoigné ni mépris ni dégoût ;

vous m'avez, au contraire, reçu comme un ange de Dieu, comme le Christ-Jésus »
(v. 14). Non seulement les Galates l'ont reçu « comme un ange – ou messager –
de Dieu », mais ils l'ont écouté comme s'il s'agissait de Jésus-Christ lui-même.
Remarquons que Paul ne les reprend pas pour avoir dit cela. Il ne leur dit pas :
« Mais à quoi pensiez-vous, en m'accordant des honneurs qui ne reviennent qu'à
Jésus seul ? » Au contraire, il les félicite pour la manière dont ils l'ont reçu. Ce
n'était pas seulement une expression de l'hospitalité chrétienne qui les a motivés
à le recevoir comme un étranger de passage. C'était beaucoup plus que cela. Ils
l'ont reçu comme un messager divin, un apôtre, qui leur rendait visite au nom
de Jésus et avec l'autorité de Jésus. Ainsi, ils l'ont reçu comme s'il s'agissait du
Christ lui-même.

Les apôtres n'étaient pas seuls à comprendre que Dieu leur avait confié une
autorité d'enseignement particulière ; l'Église primitive l'avait aussi compris et
reconnu. Quand le dernier apôtre est mort, les responsables de l'Église savaient
qu'une nouvelle ère post-apostolique venait de commencer. Désormais, il ne
restait plus personne dans l'Église ayant la même autorité qu'un Paul, un Pierre ou
un Jean. L'exemple le plus ancien de cela est sans doute l'évêque Ignace d'Antioche
(110 apr. J.-C.), qui a exercé son ministère peu après la mort de l'apôtre Jean, le
dernier apôtre à mourir. En route pour Rome, où il allait mourir martyr, Ignace a
écrit une série de lettres aux Éphésiens, aux Romains, aux Tralliens et à d'autres.
À plusieurs reprises dans ces lettres il écrit : « Je ne vous donne pas d'ordres,
comme Paul et Pierre l'ont fait. Car je ne suis pas un apôtre, mais un homme
condamné à mort. » Or, Ignace était un évêque reconnu dans l'Église. Malgré
cela, il savait qu'il n'était pas apôtre et qu'il n'écrivait pas avec l'autorité d'un
apôtre. L'Église primitive comprenait clairement cette distinction. Ainsi, quand,
au troisième siècle, le moment est venu de fixer le canon du Nouveau Testament,
le test de la canonicité et donc de l'autorité d'un écrit était son apostolicité.

Et, quand on contestait l'autorité d'un écrit, les questions essentielles qu'on
devait poser étaient les suivantes :

- A-t-il été écrit par un apôtre ?
- Sinon, était-il issu de l'entourage d'un apôtre ?
- L'écrit contenait-il l'enseignement d'un apôtre ?
- Les apôtres l'approuvaient-ils ?

Si l'on pouvait prouver par l'un ou l'autre de ces critères que l'écrit était
« apostolique », sa place dans le canon des Écritures était assurée.

Aujourd'hui, il est d'une importance capitale que l'Église retrouve cette
compréhension de l'autorité unique des apôtres du Christ. Ils étaient les témoins
oculaires de la résurrection de Jésus (Ac 1.21-26 ; 1 Co 9.1, 15.8-10) et ont reçu

un mandat et une inspiration spécifique de sa part. Nous n'avons donc pas le droit de rejeter leur enseignement comme s'il ne s'agissait que de leurs opinions personnelles. Ils ne parlaient ni n'écrivaient en leurs noms propres, mais au nom de Jésus-Christ.

Conclusion

Résumons ce que nous venons de voir. Nous croyons les Écritures à cause du Christ. Il a authentifié l'Ancien Testament et a préparé la voie pour la rédaction du Nouveau Testament, en accordant son autorité aux apôtres. Ainsi, nous recevons la Bible de la main de Jésus-Christ. C'est lui qui donne à la Bible son autorité. Et, puisque nous sommes déterminés à nous soumettre à Jésus, nous sommes aussi déterminés à nous soumettre à la Bible. Notre doctrine de l'Écriture est intimement liée à notre loyauté envers Jésus-Christ. Si nous le reconnaissons comme Maître et Seigneur, nous n'avons pas le droit d'être en désaccord avec lui. Nous devons comprendre les Écritures comme il les comprenait lui-même.

> Ainsi, nous recevons la Bible de la main de Jésus-Christ

C'est ici que plusieurs soulèvent une objection compréhensible : « Les Écritures rendent témoignage au Christ et le Christ rend témoignage aux Écritures », disent-ils – en résumant très correctement ce que nous venons de dire –, « or, ce témoignage réciproque, ne serait-ce pas un argument circulaire ? Car il présuppose la conclusion que nous voulons prouver ! C'est-à-dire que, pour prouver l'inspiration des Écritures, vous faites appel à l'enseignement de Jésus, mais vous ne croyez l'enseignement de Jésus que parce les Écritures sont inspirées ! N'est-ce pas un argument circulaire, qui n'est donc pas valable ? » Cette objection est, en effet, importante, et nous devons y faire face. Mais, en réalité, elle présente mal notre argument, dont le raisonnement n'est pas du tout circulaire. Il est plutôt linéaire comme nous pouvons le démontrer.

Nous pouvons le dire autrement. Quand nous entendons pour la première fois le témoignage que rend la Bible au Christ, nous lisons le Nouveau Testament sans pour autant avoir en tête une doctrine de l'inspiration préconçue. Nous pensons seulement lire un recueil de documents historiques du premier siècle, sans plus. Or, à travers ce témoignage historique, sans que nous ayons à tenir compte d'une quelconque théorie de l'inspiration, le Saint-Esprit nous amène à la foi en Jésus. Puis, ce Jésus, en qui nous avons mis notre foi, nous ramène à la

Bible qui nous fait part dans son enseignement d'une doctrine des Écritures que nous n'avions pas, quand nous avons commencé à lire ses textes. Car maintenant nous apprenons que son témoignage historique est aussi un témoignage divin, et qu'à travers les instruments humains, tels les prophètes et les apôtres, Dieu le Père rend témoignage au Fils.

Quand vous lisez la Bible, je vous exhorte fortement à ne pas oublier le but pour lequel elle a été écrite. La Bible est le témoignage du Père au Fils. Elle indique le chemin vers Jésus. C'est comme si elle nous disait : « Allez au Fils pour trouver la vie – abondante – en lui ! » Toute approche du texte biblique qui ne conduit pas à un engagement plus fort envers Jésus en foi, en amour, en adoration et en obéissance, est sérieusement pervertie ! Elle nous placerait dans la ligne de mire de Jésus lorsqu'il dit : « Vous sondez les Écritures, parce que vous pensez avoir en elles la vie éternelle : ce sont elles qui rendent témoignage de moi. Et vous ne voulez pas venir à moi (à qui elles rendent témoignage) pour avoir la vie ! »

La Bible (comme Luther aimait le dire) est la « mangeoire » – ou le « berceau » – dans laquelle l'enfant Jésus est couché. Faisons bien attention de ne pas passer notre temps à examiner la mangeoire et d'oublier de regarder le bébé ! On pourrait dire aussi que la Bible est l'étoile qui conduit les « mages » – et ceux d'entre nous qui veulent être « sages » ! (veuillez excuser le mauvais jeu de mots) – à Jésus. Ne laissons pas notre curiosité démesurée nous préoccuper au point de ne pas voir la maison où nous devons nous rendre, pour y découvrir l'enfant Jésus ! La Bible est le présentoir d'un bijou appelé Jésus : ne passons pas notre temps à admirer la boîte aux dépens du joyau qu'elle contient !

> Il ne suffit pas de posséder une Bible, de lire la Bible, d'aimer la Bible, d'étudier la Bible, de connaître la Bible. Nous devons nous poser la question : *le Christ de la Bible est-il au centre de nos vies ?*

Nous voyons donc qu'il ne suffit pas de posséder une Bible, de lire la Bible, d'aimer la Bible, d'étudier la Bible, de connaître la Bible. Nous devons nous poser la question : *le Christ de la Bible est-il au centre de nos vies ?* Sinon, notre lecture de la Bible ne sert à rien. Car c'est cela le plus grand but de la Bible.

3

Le Saint-Esprit et la Bible

Beaucoup de chrétiens se doutent qu'il doit y avoir un lien entre la *Sainte Bible* et le *Saint*-Esprit. Beaucoup savent aussi que, d'une manière ou d'une autre, la Sainte Bible est le produit de l'œuvre créatrice du Saint-Esprit. Dans certaines traditions chrétiennes, nous avons l'habitude de professer que le Saint-Esprit a « parlé par les prophètes ». Cette expression fait penser à de nombreux enseignements similaires dans le Nouveau Testament de la Bible. Par exemple, notre Seigneur Jésus lui-même préface une citation du Psaume 110 en disant : « David lui-même, (animé) par l'Esprit Saint, a dit... » (Mc 12.36.) De la même manière, Pierre, dans sa deuxième lettre, écrit que « c'est poussés par le Saint-Esprit que des hommes ont parlé de la part de Dieu » (2 P 1.21) – ou, d'après la signification du mot grec, ont été « portés » par l'Esprit, comme par un vent puissant. Il y a donc une relation importante entre la Bible et le Saint-Esprit qui mérite notre attention.

Jusqu'ici nous avons vu que Dieu, le Père, est l'auteur des Écritures et que Jésus en est le sujet principal. Maintenant, nous ajoutons que le Saint-Esprit en est *l'agent* (l'instrument, le véhicule). Ainsi, la compréhension chrétienne des Écritures est une compréhension trinitaire. La Bible trouve *son origine* en Dieu le Père, *est centrée* sur le Christ et *est inspirée* par l'Esprit. De ce fait, la meilleure définition de la Bible est aussi trinitaire : « La Bible est le témoignage du Père au Fils par l'Esprit. »

Quel est donc le rôle précis du Saint-Esprit dans le processus de la révélation ? Pour répondre à cette question, nous nous tournons vers la Bible, et en particulier vers 1 Corinthiens 2.6-16 (Segond 21) :

> La Bible trouve *son origine* en Dieu le Père, *est centrée* sur le Christ et *est inspirée* par l'Esprit

C'est pourtant bien une sagesse que nous enseignons parmi les hommes mûrs, mais une sagesse qui n'est pas de ce temps ni des chefs de ce temps, qui sont voués à la destruction. Non, nous annonçons la sagesse de Dieu mystérieuse et cachée, celle que Dieu, avant tous les temps, avait préparée d'avance pour notre gloire. Cette sagesse, aucun des chefs de ce temps ne l'a connue, car, s'ils l'avaient connue, ils n'auraient pas crucifié le Seigneur de la gloire. Mais, comme il est écrit, *ce que l'œil n'a pas vu, ce que l'oreille n'a pas entendu, ce qui n'est pas monté au cœur de l'homme, Dieu l'a préparé pour ceux qui l'aiment*. Or, c'est à nous que Dieu l'a révélé, par son Esprit, car l'Esprit examine tout, même les profondeurs de Dieu. En effet, qui parmi les hommes connaît les pensées de l'homme, si ce n'est l'esprit de l'homme qui est en lui ? De même, personne ne peut connaître les pensées de Dieu, si ce n'est l'Esprit de Dieu. Or nous, nous n'avons pas reçu l'esprit du monde, mais l'Esprit qui vient de Dieu, afin de connaître les bienfaits que Dieu nous a donnés par sa grâce. Et nous en parlons non avec les paroles qu'enseigne la sagesse humaine, mais avec celles qu'enseigne l'Esprit [saint]. Ainsi nous employons un langage spirituel pour exprimer ce qui est spirituel. Mais l'homme naturel n'accepte pas ce qui vient de l'Esprit de Dieu, car c'est une folie pour lui ; il est même incapable de le comprendre, parce que c'est spirituellement qu'on en juge. L'homme dirigé par l'Esprit, au contraire, juge de tout et n'est lui-même jugé par personne. En effet, qui a connu la pensée du Seigneur et pourrait l'instruire ? Or nous, nous avons la pensée de Christ.

Il est important de lire ce texte dans son contexte plus large. Jusqu'ici, dans 1 Corinthiens, Paul a mis l'accent sur la « folie » de l'Évangile. Par exemple, il dit que « la parole de la croix est folie pour ceux qui périssent » (1 Co 1.18), et « nous, nous prêchons Christ crucifié, scandale pour les Juifs et folie pour les païens » (1.23). Aujourd'hui encore, le message de la Croix semble stupide pour les intellectuels de notre époque, voire insensé. C'est pourquoi Paul, ne voulant pas que ses lecteurs pensent qu'il rejette complètement la sagesse et qu'il se glorifie dans la folie, ajoute une explication. Alors, l'apôtre est-il anti-intellectuel ? Rejette-t-il l'intelligence et la réflexion ? Non ! Bien sûr que non !

Versets 6-7 : « Cependant, c'est *une sagesse* que nous prêchons parmi les parfaits [...] la sagesse de Dieu, mystérieuse et cachée, que Dieu avait prédestinée avant les siècles, pour notre gloire » (italiques ajoutés). Nous ne devons pas manquer les contrastes : nous enseignons la sagesse, dit Paul, mais a) seulement aux chrétiens mûrs, pas aux non-chrétiens, ni même à de jeunes chrétiens ; b) il s'agit de la sagesse de Dieu, et non de la sagesse des hommes ; et c) elle est donnée en vue de notre glorification, c'est-à-dire de notre état final parfait dans la gloire de Dieu, et pas seulement pour notre justification par la foi en Christ. Nous-mêmes, nous devons suivre l'exemple de Paul. En évangélisant des non-chrétiens, nous devons nous centrer sur la « folie » de l'Évangile du Christ crucifié pour nous, pécheurs. Mais, en cherchant à aider des chrétiens à grandir en maturité, nous devons les amener à une meilleure compréhension des raisonnements et des desseins de Dieu. Au verset 7, Paul appelle cela « la sagesse de Dieu, mystérieuse et cachée » et, au verset 9, « tout ce que Dieu a préparé pour ceux qui l'aiment ». On ne peut la connaître, insiste-t-il, que par révélation. Les « princes de ce siècle » (les dirigeants mondiaux) ne l'ont pas compris, sinon ils n'auraient pas fait crucifier « le Seigneur de gloire » (v. 8). Or, ils n'étaient pas spécialement différents de nous. Car tous les êtres humains, laissés à eux-mêmes, sont loin de comprendre la sagesse et les desseins de Dieu.

Le dessein de Dieu, écrit Paul (v. 9), est quelque chose que « l'œil n'a pas vu » (c'est invisible), que « l'oreille n'a pas entendu » (c'est inaudible) et « qui n'est pas monté au cœur de l'homme » (c'est inconcevable). Le dessein de Dieu est hors de la portée des yeux, des oreilles et de l'intelligence des humains. Ni la science ni l'imagination poétique ne peuvent le sonder. Nos esprits humains ne pourraient pas comprendre ce dessein, si Dieu n'avait choisi de nous le révéler – et c'est ce qu'il a fait ! Relisons ce que dit Paul : « ce que l'œil n'a pas vu et que l'oreille n'a pas entendu, ce que l'esprit humain n'a jamais soupçonné, mais que Dieu tient en réserve pour ceux qui l'aiment » (Semeur) – l'inimaginable splendeur de son dessein – « Dieu nous l'a révélé par son Esprit » (v. 10, Semeur). L'accent est mis sur le mot « nous » ; dans ce contexte, cela ne parle pas de nous tous, mais de l'apôtre Paul qui écrit, et des autres apôtres. Dieu a accordé une révélation spéciale de ces vérités à certaines personnes choisies (aux prophètes de l'Ancien Testament et aux apôtres du Nouveau Testament) et il l'a fait « par son Esprit ». Le Saint-Esprit a été *l'agent* de cette révélation.

Tout ce que je viens de dire est une longue introduction, nécessaire pour nous aider à comprendre le contexte dans lequel Paul en vient à parler du Saint-Esprit comme l'agent de la révélation. Ce qu'il dit ensuite est un résumé merveilleux de l'œuvre de l'Esprit. Il décrit brièvement les quatre étapes de l'action de l'Esprit en tant qu'agent de la révélation.

L'Esprit qui *sonde*

Tout d'abord, le Saint-Esprit est l'Esprit qui sonde (v. 10-11). Soit dit en passant, ceci est aussi une démonstration de ce qu'on appelle la personnalité de l'Esprit. Seules des personnes – et non pas des « choses » – peuvent « sonder » ou « chercher ». Il est vrai que des ordinateurs peuvent entreprendre des recherches très complexes de nature mécanique ou analytique. Mais de vraies recherches impliquent plus que la collecte et l'analyse de données statistiques ; elles requièrent la réflexion. C'est ce que fait le Saint-Esprit, car il a une intelligence qui lui permet de réfléchir. Étant donné que le Saint-Esprit est une personne (et non pas un ordinateur, une influence éphémère ou une force), nous devons nous habituer, en faisant très attention à cela, à parler de lui comme d'une personne et non pas comme d'une « chose ».

Paul utilise deux images, toutes les deux relativement fascinantes, pour parler de l'œuvre du Saint-Esprit dans la révélation.

La première d'entre elles se trouve dans la phrase : « l'Esprit *sonde* toutes choses, même les choses profondes de Dieu » (v. 10, Darby, italique ajouté). Il s'agit du même verbe que celui qu'a utilisé Jésus, en disant aux Juifs : « vous *sondez* les Écritures ». L'image est celle d'un chercheur curieux et énergique, ou encore d'un plongeur en mer profonde, cherchant à comprendre les choses les plus enfouies d'un Dieu tout-puissant insondable. Car la profondeur de Dieu est infinie et Paul déclare que l'Esprit de Dieu est en train de sonder cette profondeur. Autrement dit, c'est Dieu lui-même qui explore les richesses de son propre être !

La deuxième image est tirée de la manière dont fonctionne la compréhension de soi, ou la conscience de soi. Au verset 11, nous lisons : « Qui donc, parmi les hommes, sait ce qui concerne l'homme, si ce n'est l'esprit de l'homme qui est en lui ? » Littéralement, Paul parle des « choses » qui sont dans l'homme (voir la traduction Darby : « Car qui des hommes connaît les choses de l'homme, si ce n'est l'esprit de l'homme qui est en lui ? »). Ce sont les « choses » qui caractérisent les hommes, qui font de nous des êtres humains. Une fourmi ne peut pas savoir ce que c'est que d'être un être humain. C'est la même chose pour une grenouille, pour un lapin ou pour un singe. Ce n'est pas non plus possible pour un être humain de savoir complètement ce qui se passe à l'intérieur d'un autre être humain. Combien de fois n'avons-nous pas entendu quelqu'un nous dire, surtout de la part d'un adolescent pendant ses années de croissance : « Vous ne me comprenez pas, personne ne me comprend » ? Et c'est totalement vrai ! Personne ne peut me comprendre, sinon moi-même ; et même ce que je sais de moi-même n'est pas parfait. De la même manière, personne ne vous comprend, en dehors de vous-même. En revenant dans le texte, nous voyons que Paul applique ces choses à l'Esprit de Dieu : « De même, personne ne connaît ce qui concerne Dieu, si ce n'est l'Esprit de Dieu » (v. 11). Paul va presque jusqu'à considérer le Saint-Esprit de Dieu comme la « compréhension de soi divine », ou comme la « conscience de soi divine ». Tout comme personne ne peut comprendre l'homme, sinon l'homme lui-même, personne ne peut comprendre Dieu, sinon Dieu lui-même. Dans un vieux cantique anglais, Charles Wesley écrit : « Dieu seul connaît la profondeur de son amour. » On pourrait tout aussi bien affirmer que Dieu seul connaît la réalité et la profondeur de sa propre sagesse. Car Dieu seul sait ce que c'est que d'être Dieu !

Ainsi donc, le Saint-Esprit sonde les profondeurs de Dieu, et le Saint-Esprit connaît ce qui concerne Dieu. Sa compréhension de Dieu est unique. Ayant vu cela, voici la question qui se pose : qu'a fait le Saint-Esprit de ce qu'il a sondé et de ce qu'il a connu de Dieu ? A-t-il gardé ces connaissances pour lui ? Non ! Il a fait ce que lui seul a la compétence de faire : il l'a révélé aux hommes. L'Esprit qui *sonde* devient l'Esprit qui *révèle*.

L'Esprit qui *révèle*

Ce que seul le Saint-Esprit a connu, seul le Saint-Esprit l'a révélé. Cela est suggéré déjà au verset 10 : « À nous, Dieu nous (les apôtres) l'a révélé (la sagesse de Dieu) par l'Esprit. » Maintenant, Paul continue au verset 12 : « Or nous (les apôtres), nous n'avons pas reçu l'esprit du monde, mais l'Esprit qui vient de Dieu (c'est-à-dire l'Esprit qui sonde et qui connaît), afin de savoir ce que Dieu nous a donné par grâce. » Notons que le « nous » se réfère aux apôtres, et à leur autorité d'apôtres. En fait, « par grâce », les apôtres avaient reçu *deux* dons de Dieu : tout d'abord le don de la grâce de son salut (« ce que Dieu nous a donné par grâce »), et ensuite le don du Saint-Esprit pour les aider à comprendre son salut par grâce.

Paul est lui-même l'exemple de ce double processus. En lisant ses lettres, nous y découvrons une explication parfaite de l'Évangile de la grâce de Dieu. Il nous dit ce que Dieu a fait pour des pécheurs coupables comme nous, qui sommes sans excuse devant Dieu, et qui ne méritons rien de sa main, sinon son jugement. Il déclare que Jésus est mort pour nos péchés à la Croix et qu'il est ressuscité. Si nous sommes unis au Christ, par la foi personnelle (manifestée par le baptême), cela signifie que nous mourons avec lui, que nous ressuscitons avec lui et expérimentons une nouvelle vie en lui. L'Évangile que Paul nous fait découvrir dans ses lettres est magnifique ! Mais comment sait-il ces choses ? Comment peut-il parler du salut de cette manière ? Eh bien, tout d'abord, parce qu'il l'a lui-même reçu de Dieu. Il peut parler de la grâce de Dieu, parce qu'il en a fait l'expérience lui-même. Puis, deuxièmement, le Saint-Esprit lui a été donné pour lui permettre de comprendre sa propre expérience de salut. C'est ainsi que le Saint-Esprit lui a révélé le plan de salut de Dieu, ce que Paul appelle dans ses épîtres le « mystère » (quelque chose de caché qui lui a été révélé). L'Esprit qui sonde devient l'Esprit qui révèle.

L'Esprit qui *inspire*

À présent, nous sommes en mesure d'entamer la troisième phase : l'Esprit qui *révèle* devient l'Esprit qui *inspire*. Le verset 13 dit : « nous [en] parlons, non point en paroles enseignées de sagesse humaine, mais en paroles enseignées de l'Esprit » (Darby). Il est important de voir la relation entre ce verset et celui qui le précède. Car la phrase « nous [en] parlons » au verset 13 se réfère à « [ce que] nous avons reçu » au verset 12. Il y a une séquence que nous pouvons résumer ainsi : tout d'abord, les apôtres ont reçu le don du salut par la grâce de Dieu ; ils ont aussi reçu l'Esprit pour les aider à interpréter l'œuvre de Dieu ; finalement, ils font part à d'autres de ce qu'ils ont reçu. L'Esprit qui sonde, qui a révélé aux apôtres le plan du salut de Dieu, a ensuite utilisé les apôtres pour faire connaître cet Évangile à d'autres. Tout comme l'Esprit n'a pas gardé pour lui-même ce qu'il a trouvé en sondant les profondeurs de Dieu, les apôtres non plus n'ont pas gardé pour eux-mêmes ce que l'Esprit leur a révélé. Les apôtres ont compris que cet Évangile leur avait été confié afin d'en faire part à d'autres. Ils devaient transmettre à d'autres ce qu'ils avaient eux-mêmes reçu.

De plus, ils l'ont transmis « en paroles ». Et Paul précise : « non point en paroles enseignées de sagesse humaine, mais en paroles enseignées de l'Esprit » (v. 13, Darby). Remarquons qu'il est de nouveau question ici de l'Esprit. Et, cette fois-ci, il s'agit de l'Esprit *qui inspire*. Car ce verset 13 montre, on ne peut plus clairement, que l'apôtre Paul croyait à l' « *inspiration* verbale » de ses écrits. C'est-à-dire que les paroles mêmes dont les apôtres se sont servies pour transmettre à d'autres le message que l'Esprit leur avait révélé étaient les mêmes paroles que ce même Esprit leur avait enseignées.

Je soupçonne fortement que la raison pour laquelle l' « inspiration verbale » est si contestée de nos jours est qu'elle est mal comprise. Par conséquent, ce qu'on rejette n'est pas la doctrine elle-même, mais sa caricature. Laissez-moi donc nous débarrasser de quelques idées fausses. Tout d'abord, l' « inspiration verbale » ne veut pas dire que « chaque parole de la Bible est littéralement vraie ». Non. Nous reconnaissons volontiers que les auteurs bibliques écrivaient en utilisant une grande variété de genres littéraires ; et c'est dans le respect des règles de chaque genre que nous devons interpréter les textes bibliques. Ainsi donc, nous interprétons les récits historiques en tant que récits historiques, la poésie en tant que poésie, les paraboles en tant que paraboles, etc. Ce qui est inspiré de

Dieu est le sens naturel des mots, en fonction de l'intention de l'auteur, que le texte soit littéral ou figuratif.

Deuxièmement, l' « inspiration verbale » ne veut pas dire que le texte a été dicté. Les musulmans croient qu'Allah a dicté le Coran à Mohammed, mot à mot, en arabe. Or, ce n'est pas ce que nous croyons en ce qui concerne la Bible. Car, comme nous l'avons déjà vu et comme je le redirai plus loin, le Saint-Esprit a toujours considéré les auteurs bibliques comme des personnes et non comme des machines. À quelques petites exceptions près, lorsque l'Esprit leur communiquait sa Parole à travers leurs paroles, ils semblent avoir toujours été en pleine possession de leurs facultés.

Troisièmement, l' « inspiration verbale » ne veut pas dire que chaque phrase de la Bible exprime la pensée de Dieu, même quand la phrase est sortie de son contexte. Car la Bible n'approuve pas tout ce que la Bible dit ! Un bon exemple se trouve dans le livre de Job où nous avons de très longs discours des soi-disant « consolateurs » de Job. Ils reviennent constamment sur leur thèse principale, qui est de dire que Dieu punissait Job à cause de ses péchés. Or, ils avaient tort. Dans le dernier chapitre du livre, Dieu le leur dit à deux reprises : « vous n'avez point parlé de moi avec droiture » (Jb 42.7-8). Nous ne pouvons donc pas considérer leurs paroles comme étant les paroles de Dieu. Elles ont leur place dans la Bible, mais elles sont là pour être corrigées et non affirmées. La Parole inspirée de Dieu est ce qui est affirmé, que ce soit un enseignement, un ordre ou une promesse.

L' « inspiration verbale » signifie que ce que le Saint-Esprit a dit, et dit encore, par des auteurs humains, est vrai et sans erreur, compris en fonction du sens clair et simple des paroles utilisées. Nul besoin d'être gêné par cette doctrine, ni d'en avoir peur ou honte. Non, au contraire, elle est tout à fait raisonnable. Car les mots sont les éléments essentiels qui constituent les phrases. Les mots sont les briques qui construisent l'édifice de nos discours. Il est donc impossible de présenter un message précis sans construire des phrases précises constituées de mots précis.

Imaginons que nous ne pouvions utiliser que quelques mots, comme dans un court message. Nous voulons envoyer un message qui non seulement doit être compris, mais qui ne doit pas être compris de travers. Alors nous ferions attention de le rédiger avec soin. Nous effacerions un mot et nous ajouterions un mot par-ci par-là, jusqu'à ce que nous ayons un texte qui nous satisfasse complètement. Les mots sont importants. Tous ceux qui veulent communiquer un message qui ne soit pas compris de travers comprennent l'importance des mots. Le prédicateur qui veut que son sermon soit compris choisit ses mots avec soin. Quand on écrit une lettre, un article ou un livre, on sait que les mots ont une très grande importance. Écoutons ce qu'a dit Charles Kingsley, au cours du dix-neuvième siècle : « Sans les mots, nous ne saurions pas plus des cœurs et des pensées des autres qu'un chien d'un autre chien ; et, si vous prenez le temps d'y penser, vos réflexions sont toujours constituées de mots… sans eux, toutes nos pensées ne seraient que des désirs aveugles, des sentiments que nous ne pourrions pas comprendre nous-mêmes. » Pour exprimer nos pensées, les mots sont donc indispensables.

Voilà donc ce que les apôtres affirment. Que le même Saint-Esprit de Dieu, qui sonde les profondeurs de Dieu, et qui a révélé les fruits de ses recherches aux apôtres, les a ensuite communiqués aux hommes par les apôtres, en se servant de paroles qu'il leur a données lui-même. Il a prononcé ses paroles par leurs paroles, de manière à ce que ces paroles soient à la fois les paroles de Dieu et les paroles des hommes. Ainsi, la Bible a deux auteurs, comme je l'ai déjà dit. Ceci explique aussi le sens de l' « inspiration ». L'inspiration de la Bible n'a jamais été un processus mécanique. Elle a toujours été intensément personnelle, car elle concernait *une personne* (le Saint-Esprit), qui parlait à travers *des personnes* (les prophètes et les apôtres), de telle manière que les paroles étaient, en même temps, leurs propres paroles et celles de l'Esprit.

L'Esprit qui *illumine*

Nous arrivons maintenant à la quatrième phase de l'œuvre de l'Esprit, en tant qu'agent de la révélation. Je décrirai ce rôle comme celui de l'Esprit qui « illumine ». Permettez-moi de vous décrire le contexte.

Que faut-il penser de ceux qui entendaient la prédication des apôtres et qui, plus tard, lisaient leurs lettres ? Comment faisaient-ils pour comprendre le message apostolique ? Devaient-ils « se débrouiller » tout seuls ? Cherchaient-ils péniblement à comprendre sans aide ? Non ! Le même Esprit qui était à l'œuvre dans ceux qui devaient écrire était à l'œuvre dans ceux qui lisaient leurs écrits. Le Saint-Esprit était à l'œuvre, en quelque sorte, d'un bout à l'autre – en inspirant les auteurs et en éclairant les lecteurs. Cela a déjà été affirmé au verset 13, bien qu'il s'agisse d'une phrase complexe, qui a été interprétée de différentes manières. Pour ma part, j'estime que la traduction de la Bible en Français courant est correcte, en faisant dire à Paul : « nous expliquons des vérités spirituelles *à ceux qui ont en eux cet Esprit* » (italiques

> Le même Esprit qui était à l'œuvre dans ceux qui devaient écrire était à l'œuvre dans ceux qui lisaient leurs écrits

ajoutés). Les auteurs de la Bible n'étaient pas les seuls à avoir l'Esprit en eux ! Certes, l'œuvre de l'inspiration de l'Esprit était réservée aux seuls auteurs de la Bible. Mais à cela Dieu ajoute son œuvre d'interprétation en ceux qui la lisent.

Les versets 14 et 15 vont plus loin. D'ailleurs, nous voyons un contraste très net entre ces deux versets. Le verset 14 parle de l'homme « naturel », c'est-à-dire de l'homme qui n'a pas l'Esprit de Dieu en lui, qui n'est pas régénéré, qui n'est pas chrétien. Mais le verset 15 parle de l'homme « spirituel », c'est-à-dire de l'homme qui a l'Esprit de Dieu en lui, comme nous l'avons vu au verset 13. Nous voyons donc que Paul divise les hommes (l'humanité) en deux catégories distinctes : les « naturels » et les « spirituels », c'est-à-dire ceux qui ont la vie naturelle, animale ou physique, d'une part, et ceux qui ont reçu la vie spirituelle et éternelle, d'autre part. La première catégorie n'a pas l'Esprit, parce qu'ils ne sont pas nés de nouveau. Mais le Saint-Esprit vit en ceux qui ont fait l'expérience de la nouvelle naissance par l'Esprit. En réalité, le fait d'avoir le Saint-Esprit en nous est la marque distinctive de tout chrétien véritable (Rm 8.9).

Quelle différence cela fait-il d'avoir l'Esprit ou non ? Une différence énorme ! Surtout en ce qui concerne notre compréhension des vérités spirituelles. L'homme naturel et non régénéré, qui n'a pas reçu l'Esprit, ne reçoit pas non plus les choses de l'Esprit, qui sont pour lui une « folie » (v. 14). Non seulement il ne les comprend pas, mais il n'est pas capable de les comprendre, parce que « c'est spirituellement qu'on en juge ». À l'opposé, l'homme spirituel, le chrétien né de nouveau en qui habite l'Esprit, « juge de tout ». Cela ne veut pas dire qu'il devient omniscient comme Dieu. Bien sûr que non ! Mais à partir du moment où il a reçu l'Esprit, il commence à comprendre les choses qu'il ne comprenait pas avant, que Dieu nous fait connaître dans les Saintes Écritures. Et il comprend les choses qu'il ne comprenait pas avant, même si lui-même n'est pas compris ! Littéralement, il « n'est discerné par personne ». Pour les hommes non-régénérés, il est un mystère, car il a en lui le secret de la vérité et de la vie spirituelles, que les hommes ne comprennent pas. Or, cela n'a rien d'étonnant, car personne ne peut connaître la pensée de Dieu et personne ne peut l'instruire ! Et, puisqu'ils ne peuvent pas comprendre la pensée du Christ, ils ne peuvent pas non plus comprendre la nôtre, bien que nous osions dire, éclairés par l'Esprit, que nous avons la pensée du Christ (v. 16) – ce qui est une affirmation réellement extraordinaire !

Est-ce là votre expérience ? La Bible est-elle devenue un livre nouveau pour vous ? À la suite de sa conversion, William Grimshaw, un responsable d'église du dix-huitième siècle, a confié à un ami : « Si Dieu avait emporté ma Bible au ciel et m'en avait envoyé une autre, je ne l'aurais pas trouvée aussi changée. » La Bible était devenue pour lui un livre nouveau. Je peux dire la même chose. Ma mère m'avait élevé en me disant de lire la Bible tous les jours. Mais, avant ma conversion et ma nouvelle naissance, je ne comprenais absolument rien de ce que je lisais. Je n'avais pas la moindre idée de ce qu'elle racontait. Mais quand je suis né de nouveau, le Saint-Esprit est venu faire sa demeure en moi, et immédiatement ma lecture de la Bible a changé. Cela ne veut pas dire que je comprenais tout ce que je lisais. Encore aujourd'hui, je suis loin d'avoir tout compris. Mais j'ai commencé à comprendre des choses que je n'avais jamais comprises auparavant. Quelle expérience merveilleuse ! Pour certains, la Bible est comparable à une collection de vieux documents tels qu'on en trouve dans une bibliothèque. On la traite comme on traite des vieux fossiles conservés derrière une vitrine dans un musée ! Or, c'est une grande erreur ! Car, à travers ces paroles, Dieu parle ! Lorsque nous lisons ces *anciens* textes bibliques, le Saint-Esprit nous parle *aujourd'hui* de manière nouvelle, personnelle et puissante ! « Que celui qui a des oreilles écoute ce que l'Esprit dit » (le temps du verbe est un présent « continu » : ce que l'Esprit *est en train de dire*) par la Bible aux Églises (Ap 2.7, etc.).

Or, si l'Esprit nous parle dans la Bible, pourquoi ne l'interprétons-nous pas tous de la même manière ? Si l'Esprit est l'agent et, en même temps, l'interprète de la Bible, pourquoi ne nous donne-t-il pas d'avoir une seule et même pensée la concernant ? Ma réponse à ces questions risque de vous surprendre ! Car je pense que l'Esprit nous amène à plus de consensus entre nous que de désaccords. Et je pense aussi que ce consensus serait encore plus grand si nous remplissions les quatre conditions qui suivent.

> À travers ces paroles, Dieu parle

Tout d'abord, *nous devons reconnaître l'autorité suprême de la Bible* et désirer ardemment lui soumettre nos vies. Parmi ceux qui font cela, il y a déjà de nombreux accords. Par exemple, les écarts importants qui restent entre l'Église catholique romaine et les Églises protestantes peuvent être attribués, en très grande partie, au refus de l'Église de Rome d'affirmer que la Bible est l'autorité suprême, supérieure aux traditions de l'Église. La position officielle de l'Église catholique (modifiée, mais non altérée lors du concile Vatican II) est encore de dire que « la sainte Tradition et la Sainte Écriture [...] doivent être reçues et vénérées avec un égal sentiment d'amour et de respect ». En réponse à cela, disons d'abord que les protestants ne s'opposent pas à la tradition, même si certains d'entre nous devraient peut-être y prêter plus d'attention qu'ils ne l'ont fait jusqu'ici. Car le Saint-Esprit n'a pas commencé son instruction avec nous ; et nous avons certainement des leçons à apprendre de ce qu'il a appris aux chrétiens des générations passées. Néanmoins, là où la Bible et la tradition s'opposent, nous devons laisser les Écritures corriger les erreurs de la tradition (comme Jésus l'a fait des « traditions des anciens » – Mc 7.1-13), et non pas l'inverse.

Deuxièmement, *nous ne devons pas oublier que la principale intention de la Bible est de nous présenter le Christ* comme le Sauveur parfait des pécheurs. Quand les Réformateurs du seizième siècle ont insisté sur la clarté des Écritures – et qu'ils ont traduit la Bible en un langage que tous pouvaient comprendre – ils se référaient à son message concernant la voie du salut. Ils reconnaissaient volontiers que la Bible contient « des passages difficiles à comprendre » (comme dit Pierre, se référant aux lettres de Paul – 2 P 3.16) ; mais ils avaient le souci de voir les vérités essentielles du salut mises à la portée de tous.

Troisièmement, *nous devons utiliser de bons principes d'interprétation*. Il est tout à fait possible, bien sûr, de tordre le sens des Écritures pour leur faire dire ce qu'on veut. Mais notre rôle n'est pas de *tordre* le sens de la Bible, mais de l'*interpréter*. Avant tout, nous devons déterminer à la fois le *sens original* du texte, en fonction de l'intention originale de l'auteur biblique, et son *sens naturel*, qui peut être littéral ou figuratif, également en fonction de l'intention de l'auteur. Ces deux « sens » concernent, respectivement, le principe d'interprétation de l'histoire (ou du contexte historique) et celui de la simplicité. Lorsqu'on applique ces principes rigoureusement et de façon intègre, alors c'est la Bible qui nous contrôle, plutôt que nous qui contrôlons la Bible. Par conséquent, les possibilités d'accord entre les chrétiens augmentent.

Quatrièmement, quand nous lisons la Bible, *nous devons être conscients de nos préjugés culturels* et être prêts à les remettre en question et les corriger. Si nous venons à la Bible avec la conviction orgueilleuse que nos croyances et pratiques héritées de nos pères sont correctes, nous ne trouverons dans la Bible que ce que nous avons envie d'y trouver, c'est-à-dire la confirmation rassurante que nous avons raison ! Par conséquent, nous nous retrouverons en total désaccord avec ceux qui lisent la Bible, mais dont l'arrière-plan et les convictions sont différentes des nôtres. Et nous trouverons aussi que la Bible confirme notre conviction que, eux, ils ont tort ! Il est probable qu'il n'y ait pas de source de désaccord plus importante que celle-là. Ce n'est que quand nous avons le courage et l'humilité nécessaires pour laisser l'Esprit de Dieu remettre radicalement en cause nos convictions les plus chères que nous pourrons trouver une unité nouvelle par une compréhension nouvelle de la Parole.

Le « discernement spirituel » que le Saint-Esprit promet de nous donner ne sera accordé qu'à ceux qui acceptent et respectent ces quatre conditions.

Conclusion

Nous avons parlé des quatre rôles du Saint-Esprit : en tant qu'Esprit qui sonde, Esprit qui révèle, Esprit qui inspire et Esprit qui illumine. Ce sont les quatre étapes de son ministère auprès des hommes :

1) Il sonde les profondeurs de Dieu et connaît les pensées de Dieu.

2) Il révèle les fruits de ses recherches aux apôtres.

3) Il communique à d'autres ce qu'il a révélé aux apôtres. Et il le fait par des paroles qu'il a lui-même fournies.

4) Il illumine l'intelligence des auditeurs, afin qu'ils discernent ce qu'il leur a dit par les apôtres. Et il poursuit ce travail d'illumination encore aujourd'hui en ceux qui sont prêts à le recevoir.

Pour terminer ce chapitre, je vous laisse deux brèves leçons simples. La première est *la manière dont nous percevons l'Esprit de Dieu*. Aujourd'hui encore on discute beaucoup au sujet de la personne et de l'œuvre de l'Esprit, et ce texte n'en est qu'un parmi plusieurs dans la Bible qui en parlent. Mais laissez-moi vous poser cette question : êtes-vous prêts à laisser ce texte forger votre doctrine de l'Esprit ? Jésus l'a appelé « l'Esprit de vérité ». Ce qui signifie que, pour le Saint-Esprit, la vérité est très importante. Oui, je sais qu'il est aussi l'Esprit de sainteté, l'Esprit d'amour et l'Esprit de puissance. Mais, pour vous, est-il aussi l'Esprit de vérité ? D'après les versets que nous venons d'étudier, l'Esprit se préoccupe beaucoup de la vérité. Il la sonde, il la révèle, il la communique et il illumine notre intelligence afin de la comprendre. Chers amis, ne dénigrez jamais la vérité ! Ne dénigrez jamais la théologie. Ne méprisez jamais votre intelligence ! Car, si vous le faites, vous attristerez le Saint-Esprit de vérité. Ce passage de 1 Corinthiens 2 devrait avoir un impact sur la manière dont nous percevons le Saint-Esprit.

Deuxièmement, ce passage nous montre *notre besoin du Saint-Esprit*. Voulez-vous grandir dans votre connaissance de Dieu ? Bien sûr que oui ! Voulez-vous grandir dans votre connaissance de la sagesse de Dieu et de son désir de nous transformer à l'image du Christ dans sa gloire ? Bien sûr que oui ! Tout comme moi ! Dans ce cas, nous avons besoin du Saint-Esprit, de l'Esprit de vérité, afin qu'il illumine notre intelligence. Et, pour que cela arrive, nous avons besoin de naître de nouveau. Parfois je me demande pourquoi tant de théologiens libéraux de nos jours disent et écrivent tant de bêtises (excusez-moi l'expression !). Je pense, par exemple, à leur refus de reconnaître la personnalité de Dieu ou la divinité de Jésus. C'est qu'ils ne sont pas nés de nouveau. Il est tout à fait possible d'être théologien, sans être né de nouveau. Est-ce pour cette raison qu'ils ne discernent pas les merveilleuses vérités des Écritures ? Nous ne pouvons comprendre la Bible qu'avec un discernement spirituel. Ce qui signifie que nous devons venir aux Écritures avec beaucoup d'humilité et de respect. Mais aussi en nous attendant à y entendre la voix de Dieu. Nous devons reconnaître que les vérités qu'enseignent les Écritures sont cachées jusqu'à ce que le Saint-Esprit nous les dévoile et qu'il ouvre notre intelligence pour les voir.

> Nous avons besoin du Saint-Esprit, de l'Esprit de vérité, afin qu'il illumine notre intelligence

Car Dieu cache ses vérités aux sages et aux intelligents et ne les révèle qu'aux « bébés », qui sont humbles et qui le craignent. Tout cela nous montre qu'avant qu'un prédicateur prépare son message, avant qu'une congrégation écoute un sermon, avant qu'un individu ou qu'un groupe étudie la Bible, dans toutes ces situations, nous devons demander à l'Esprit qui illumine : « Ouvre mes yeux, pour que je contemple les merveilles de ta loi ! » (Ps 119.18.) Et il le fera !

4

L'Église et la Bible

Jusqu'ici notre étude a été trinitaire. Nous avons vu que *Dieu le Père* est l'auteur de la révélation, que *Christ* en est à la fois le principal sujet et celui qui l'authentifie, et que l'*Esprit* en est l'agent. Maintenant, nous parlerons de l'Église.

Que pensez-vous de l'Église ? Votre réponse dépendra sans doute de votre point de vue : pensez-vous à votre idéal d'Église ou à la réalité actuelle ? Dans l'idéal, l'Église est la plus merveilleuse création de Dieu qui existe ! C'est la nouvelle communauté de Jésus, caractérisée par une harmonie qui comprend toutes les races, toutes les nations et toutes les cultures ! Cela est unique dans l'histoire de l'humanité et de la société actuelle ! L'Église est la « nouvelle humanité », le précurseur d'un peuple racheté et renouvelé par Dieu. L'Église est un peuple qui passe sa vie (comme elle passera l'éternité) dans le service de Dieu et des hommes. Quel bel idéal merveilleux ! Malheureusement, l'Église c'est nous (veuillez pardonner la mauvaise grammaire) – un ramassis de pécheurs faillibles, querelleurs, peu sages et superficiels, qui restent loin de l'idéal de Dieu et qui, bien souvent, ne s'en approchent même pas !

Nous devons donc nous demander pourquoi il existe un tel abîme entre notre idéal d'Église et la réalité actuelle. Aujourd'hui, dans de nombreux pays du monde, l'état de l'Église laisse à désirer : elle est faible, divisée, n'ayant que peu d'impact sur le monde. Il y a de nombreuses raisons qui expliquent cette situation. Mais la plus importante d'entre elles c'est ce que le prophète Amos appelle « une famine [...] d'entendre les paroles de l'Éternel » (Am 8.11), ce qui signifie, en français courant, une méconnaissance de la Bible. L'Église faillit à sa vocation, car elle néglige la révélation de Dieu dans sa Parole. Le pasteur Martyn Lloyd-Jones avait raison d'écrire dans son livre sur la prédication que « les périodes de l'histoire de l'Église les plus décadentes ont toujours été des périodes où la prédication a été négligée[1] ». En d'autres mots, l'Église ne peut qu'être malade et faible, à partir du moment où elle refuse la médecine bienfaisante et nourrissante de la Parole de Dieu.

Nous nous proposons d'étudier deux textes, qui utilisent tous les deux une image tirée de l'architecture.

En Éphésiens 2.20, l'Église, dont Paul vient de parler comme la « maison » ou la « famille » de Dieu (v. 19), est aussi décrite comme édifiée « sur le fondement des apôtres et des prophètes, Jésus-Christ lui-même étant la pierre de l'angle ». Cela veut dire que l'enseignement des auteurs bibliques est la fondation sur laquelle l'Église est bâtie, et Jésus est la pierre d'angle qui tient le tout ensemble.

En 1 Timothée 3.15, la même image est renversée. Ayant parlé de l'Église comme la « maison de Dieu », une fois de plus, Paul continue en disant qu'elle est « la colonne et l'appui de la vérité ».

Dans le premier texte, nous voyons que la *vérité* est la fondation, et que l'*Église* est l'édifice bâti sur ce fondement. Tandis que dans le deuxième texte, l'*Église* est la fondation et la *vérité* est l'édifice qui est bâti sur l'Église.

« Eh bien, voilà, je vous entends dire, je vous l'ai bien dit ! La Bible est remplie de contradictions. » Vraiment ? Mais, attendez un instant ! Ces deux versets sont écrits par la même personne, l'apôtre Paul. Accordons tout de même un peu de crédit à sa cohérence ! Pour résoudre cette difficulté, nous devons nous demander quelle est l'intention de Paul dans chacune de ces deux affirmations. Quand nous appliquons ce principe à ces deux versets, nous voyons qu'ils sont parfaitement complémentaires.

Vous vous demandez peut-être comment la vérité peut être la fondation de l'Église et l'Église la fondation de la vérité ? Laissez-moi vous proposer une réponse. Tout d'abord, ce qu'affirme Paul en Éphésiens 2.20 est que l'*Église dépend de la vérité* pour son existence. Elle repose sur l'enseignement des apôtres et des prophètes, et sans cet enseignement (que nous lisons aujourd'hui dans le Nouveau Testament), l'Église ne pourrait ni exister et survivre, ni grandir. Mais, d'après 1 Timothée, *la vérité dépend de l'Église* pour être défendue et propagée. L'Église est appelée à servir la vérité en restant ferme quand le monde s'y oppose et en la proclamant haut et fort devant tous. Ainsi, l'*Église a besoin de la Bible,* car elle bâtit dessus ; et l'*Église est au service de la Bible,* en s'y tenant ferme et en la faisant connaître à d'autres. Ce sont les deux vérités complémentaires que nous allons explorer maintenant.

---

1.   Martyn Lloyd-Jones, *Preaching and Preachers*, London, Hodder, 1971, p. 24.

L'Église a besoin de la Bible

L'Église dépend de la Bible de plusieurs manières. Laissez-moi vous donner quelques exemples.

a) La Bible a « créé » l'Église

Dite de cette manière, cette affirmation peut prêter à confusion. Certains la considéreraient incorrecte et la rejetteraient. Car il est vrai que l'Église, le peuple de Dieu, existait déjà dans l'Ancien Testament, plusieurs siècles avant que la Bible entière n'ait vu le jour. Et l'Église du Nouveau Testament, elle aussi, existait bien avant la constitution du canon du Nouveau Testament, et longtemps avant la publication de la première Bible imprimée ! De plus, vous auriez raison de penser que l'Église du premier siècle a « formé » la Bible, dans le sens que ces chrétiens ont pris part à sa rédaction, en déterminant la manière de raconter les paroles et les œuvres de Jésus. L'Église était donc le contexte, ou le cadre, dans lequel la Bible a été rédigée et préservée. Je suis entièrement d'accord avec toutes ces affirmations. Néanmoins, je répète ce que je viens de dire : nous pouvons aussi affirmer que la Bible a créé l'Église ! Plus exactement, nous affirmons que la *Parole de Dieu* (aujourd'hui la Bible) a créé l'Église. Car nous devons nous poser la question : comment l'Église chrétienne a-t-elle vu le jour ? Et la réponse est de dire que c'est par la prédication des apôtres, qui parlaient, non pas au nom de l'Église, mais au nom du Christ.

Lors de la Pentecôte, le témoignage de Pierre, qui parlait en tant qu'apôtre, a été confirmé et complété par le témoignage prophétique de l'Ancien Testament. Il proclamait Jésus comme Messie et Dieu, l'action puissante de l'Esprit est venue confirmer sa parole et ceux qui ont cru ont été remplis de l'Esprit. Ainsi, l'Église, en tant que corps du Christ, est née. C'est Dieu lui-même qui a fait cela, par sa Parole et par son Esprit. Et il a continué de travailler de cette manière à travers la prédication des apôtres. Lors de ses voyages missionnaires, Paul rendait témoignage au Christ, expliquant que le message des apôtres, en tant que témoins oculaires de Jésus, était en parfait accord avec les textes prophétiques de l'Ancien Testament. Beaucoup l'ont écouté, se sont repentis, ont cru en Jésus et se sont fait baptiser. Ainsi, de nouvelles Églises sont nées, un peu partout dans l'Empire romain. Comment ? Par la prédication de la Parole de Dieu ! La Parole de Dieu (le double témoignage des prophètes et des apôtres), proclamée par la puissance du Saint-Esprit, a donné naissance aux Églises. Et c'est encore le cas aujourd'hui. Car c'est sur ce fondement que l'Église est bâtie. Et, lorsque l'Église en est venue à fixer le canon du Nouveau Testament, ce n'est pas elle qui a décidé d'accorder une autorité à ces documents. Elle a plutôt *reconnu* l'autorité qu'ils avaient déjà. Pourquoi ? Parce qu'ils contiennent l'enseignement des apôtres – ils sont « apostoliques ».

Pour ces raisons, nous pouvons dire en vérité que la Bible (qui est la Parole écrite de Dieu) a créé, et crée encore, l'Église.

b) La Bible « nourrit » l'Église

Le Créateur prend soin de ce qu'il a créé. Puisqu'il a amené l'Église à l'existence, il l'aide à poursuivre sa route. De plus, l'ayant créée *par sa Parole*, il la soutient et la nourrit *par sa Parole*. S'il est vrai, comme Jésus l'affirme, citant Deutéronome (Mt 4.4 ; Dt 8.3), que « l'homme ne vivra pas de pain seulement, mais de toute parole qui sort de la bouche de Dieu », cela est aussi vrai de l'Église. Sans la Parole, l'Église ne s'épanouira pas. Elle a besoin de la Parole à tout moment. D'ailleurs, c'est pour cette raison que la prédication de la Parole doit être au cœur de nos cultes publics. Ne considérons pas la prédication comme un élément de trop lors du culte, mais plutôt comme un aspect indispensable de ces moments. Car l'acte d'adoration est toujours une réponse à la Parole. C'est pour cette raison qu'il est toujours bon, lors de nos cultes, qu'il y ait des allers-retours entre la Parole et la louange. Nous commençons par écouter la voix de Dieu dans sa Parole (la lecture et le partage de la Parole, et la prédication qui explique et applique un passage de la Bible), puis nous lui répondons par la confession, le credo (la profession publique de notre foi), la louange et la prière. Une communauté chrétienne ne peut grandir dans la maturité en Christ que lorsqu'elle écoute, reçoit, croit, intègre et applique la Parole de Dieu.

> Ne considérons pas la prédication comme un élément de trop lors du culte, mais plutôt comme un aspect indispensable de ces moments. Car l'acte d'adoration est toujours une réponse à la Parole

c) La Bible « guide » l'Église

Le chrétien est un pèlerin en route vers le repos céleste. Son voyage le fait traverser un pays aride, hostile et sombre, qui le désoriente. Il a besoin que quelqu'un dirige ses pas ; et Dieu le fait par sa Parole. « Ta parole est une lampe à mes pieds et une lumière sur mon sentier » (Ps 119.105). Je suis d'accord, bien sûr, que ce qu'on appelle la tâche « herméneutique » (le travail d'interpréter les Écritures) n'est pas toujours facile. La Bible ne fournit pas de réponses faciles aux questions souvent complexes que nous rencontrons au vingt-et-unième siècle. Nous devons « lutter » avec le texte, à la fois pour en comprendre le sens et pour en trouver des applications pour nous. Et nous devons le faire par la prière, l'étude et le partage avec d'autres chrétiens. Malgré cela, la Bible fournit les principes dont nous avons besoin pour nous guider. Ensemble, avec l'aide de l'Esprit pour nous éclairer, nous pouvons trouver des applications à nos vies et au monde aujourd'hui.

d) La Bible « restaure » l'Église

Bien malheureusement, tout au long de son histoire, l'Église, y compris la mienne, dévie de la vérité de Dieu et de ses normes éthiques. Pour Max Warren, ancien responsable de la Church Mission Society, l'histoire de l'Église est constituée « de moments plus ou moins glorieux », dont la principale caractéristique est l'infinie patience de Dieu envers son peuple. Or, si l'Église s'égare si souvent (et c'est le cas), comment pouvons-nous la ramener sur le bon chemin ? La réponse : par la Parole de Dieu. Le plus grand réveil d'Église que le monde ait connu fut la Réforme protestante du seizième siècle. Et elle a eu lieu, en très grande partie, grâce à une redécouverte de la Bible.

e) La Bible « unit » l'Église

Tout chrétien devrait être troublé par les divisions dans l'Église. J'espère que nous ne nous résignons pas à nos divisions actuelles. L'unité visible de l'Église est très certainement un très beau but (bien que nous ne soyons pas tous du même avis concernant la nature exacte de cette unité). Qu'est-ce qui explique que nous n'arrivons pas à résoudre ce problème ? C'est que nous ne reconnaissons pas tous la même *autorité*. Tant que l'Église se fiera à ses propres traditions et à ses spéculations, l'Église universelle restera divisée. Mais, lorsque les Églises reconnaîtront l'autorité suprême de la Bible et y verront leur seule source de salut, et qu'elles soumettront leurs traditions à son autorité absolue, le chemin de l'unité dans la vérité sera ouvert. La Bible unit l'Église lorsque l'Église se soumet à la Bible.

f) La Bible « renouvelle » l'Église

Beaucoup aspirent à un temps de réveil, à une visitation de Dieu, inhabituelle, surnaturelle et spéciale, qui rende la présence du Dieu vivant tangible pour l'Église. Les pécheurs seront convaincus, les repentis convertis, les chrétiens en retrait reviendront à Dieu, les ennemis de Dieu réconciliés avec lui, les croyants transformés et les Églises mourantes ramenées à la vie ! Mais comment cela se fera-t-il ? Seulement par l'action souveraine du Saint-Esprit de Dieu. Mais de quels moyens l'Esprit se sert-il pour y arriver ? Il utilise la Parole ! La Parole de Dieu est « l'épée de l'Esprit » (Ep 6.17 ; voir aussi Hé 4.12) qui manie son arme pour accomplir son œuvre dans le monde ! Il ne faut jamais séparer l'Esprit de Dieu de la Parole de Dieu. Car quand l'Esprit utilise cette arme, il pique les consciences des gens, il ôte ce qui est mauvais dans le corps du Christ et il fait fuir le diable ! C'est par la Bible que Dieu renouvelle l'Église !

> Les pécheurs seront convaincus, les repentis convertis, les chrétiens en retrait reviendront à Dieu, les ennemis de Dieu réconciliés avec lui, les croyants transformés et les Églises mourantes ramenées à la vie !

En êtes-vous convaincus ? Je l'espère bien ! *L'Église ne peut se passer de la Bible !* L'Église dépend de la Bible ! L'Église est bâtie sur le fondement des prophètes et des apôtres. La Bible est indispensable à l'Église : à sa vie, à sa croissance, à sa direction, à sa restauration, à son unité et à son renouveau. L'Église ne peut exister sans la Bible.

Cela nous amène à parler d'une deuxième vérité complémentaire. Si l'Église ne peut se passer de la Bible, la Bible ne peut se passer de l'Église. Si l'Église dépend de la Bible, la Bible dépend aussi de l'Église. Car l'Église est appelée au service de la Bible, en préservant et en répandant son message.

L'Église est au service de la Bible

Dieu a parlé par les prophètes et les apôtres. Mais, cette Parole devait être reçue et mise par écrit. De même, aujourd'hui, elle doit être traduite, imprimée, publiée, distribuée, prêchée, défendue, répandue, télévisée et illustrée ! De cette manière, et d'autres manières aussi, l'Église est au service de la Bible. Elle la garde et elle la répand.

Cela explique pourquoi Paul écrit, en 1 Timothée 3.15, que l'Église est « la colonne et l'appui de la vérité ». Ces deux mots sont instructifs. L'Église est, à la fois, l'appui (ou le « fondement »), mais aussi la colonne de la vérité. Les fondements et les appuis maintiennent un bâtiment en place. Les colonnes l'élèvent, afin que tous le voient. L'image s'adresse à la fois aux évangélistes et aux enseignants de l'Église. Car, en tant que fondement de la vérité, l'Église est appelée à garder la Parole et à la défendre face aux hérétiques, afin que la vérité reste ferme et inchangée. Mais, en même temps, en tant que colonne de la vérité, l'Église doit élever la Parole et la manifester au monde afin que les gens la voient et la reçoivent. Nous voyons donc que la Bible a besoin de l'Église pour la *garder* et pour la *répandre*.

Il y a un besoin urgent de ces deux choses. D'une part, l'hérésie progresse dans l'Église : il y a de faux enseignants qui refusent de croire en un Dieu d'amour, infini et personnel ou en la divinité du Seigneur Jésus-Christ. Beaucoup refusent l'autorité de la Bible. Ces hérétiques semblent être de plus en plus nombreux et répandent leurs idées dangereuses non seulement par des livres ou des sermons, mais aussi par la radio, la télévision et Internet. Alors la vérité a besoin d'« appuis » – de chrétiens prêts à consacrer leurs vies à ce que Paul appelle « la défense et l'affermissement de l'Évangile » (Ph 1.7). Êtes-vous peut-être ce jeune théologien appelé à être un « appui » de la vérité dans l'Église, à la garder et à la défendre contre les hérésies et les interprétations erronées ? Quelle belle vocation ! L'Église doit garder la vérité et la manifester au monde.

> La Bible est indispensable à l'Église : à sa vie, à sa croissance, à sa direction, à sa restauration, à son unité et à son renouveau. L'Église ne peut exister sans la Bible.

Mais, d'autre part, l'Église est appelée à proclamer l'Évangile partout. Des millions de gens à travers le monde n'ont jamais vraiment entendu parler de Jésus. Beaucoup plus encore en ont entendu parler, mais n'ont pas mis leur foi en lui. « Comment entendront-ils parler de lui, sans prédicateurs ? » (Rm 10.14.) L'Église a besoin de pionniers qui trouvent des moyens nouveaux d'évangéliser les parties du monde qui sont fermées à l'Évangile. Je pense, par exemple, à l'islam et au monde profane. Car l'Église est la colonne de la vérité. Nous devons faire voir la vérité à tout le monde et la répandre, afin que les gens voient sa beauté et sa pertinence, et qu'ils l'accueillent dans leurs vies.

Conclusion

L'Église a besoin de la Bible et la Bible a besoin de l'Église. Ces deux affirmations expriment deux vérités complémentaires. L'Église ne pourrait pas survivre sans le soutien de la Bible et la Bible ne pourrait guère survivre sans que l'Église la garde et la répande. La Bible et l'Église sont inséparables. Une fois que nous comprenons cela, nous sommes en mesure d'entendre les trois exhortations qui suivent.

Tout d'abord, j'exhorte les *pasteurs* chrétiens à prendre la prédication très au sérieux. Nous sommes appelés à étudier la Parole, à expliquer les textes et à les appliquer au monde contemporain. Plus que tout, la santé d'une communauté locale dépend de la qualité de la prédication en son sein. Cela peut vous surprendre. En effet, je suis conscient qu'un membre d'Église peut grandir vers la maturité en Christ en dépit des pasteurs, même ceux qui ne font pas correctement leur travail. Car un chrétien peut lire la Bible et prier seul ou avec d'autres. Il peut s'instruire en se procurant des livres et d'autres ressources. Néanmoins, le Nouveau Testament enseigne clairement que Dieu confie le soin des Églises à des pasteurs, qui doivent les enseigner à partir des Écritures. Ils doivent leur proclamer la personne et l'œuvre du Christ, dans toute sa splendeur, tel que la Bible nous en parle, afin que leur foi, leur obéissance et leur culte soient fondés sur l'enseignement de la Parole. J'irais jusqu'à dire que ceux qui occupent les bancs des églises sont transformés par ce qu'ils entendent du haut de la chaire, et que ce ne sont pas ceux qui sont assis sur les bancs qui déterminent ce qu'ils veulent entendre ! Alors, mes chers collègues, en tant que pasteurs, soyons déterminés à nous consacrer entièrement à cette tâche prioritaire !

> La santé d'une communauté locale dépend de la qualité de la prédication en son sein

Ensuite, j'exhorte le *peuple* chrétien, non seulement à étudier la Bible seul ou avec d'autres chrétiens, mais à exiger (le mot n'est pas trop fort), de la part de nos pasteurs, un enseignement fidèle aux textes bibliques. Laissez-moi vous le dire autrement : l'enseignement que nous recevons est l'enseignement que nous méritons ; et l'enseignement que nous méritons est l'enseignement que nous exigeons ! Les « laïcs » dans l'Église (ceux qui ne sont ni pasteurs ni responsables d'église) ont beaucoup plus de pouvoir qu'ils ne le pensent ! Or il arrive, bien souvent, que des chrétiens fréquentent des Églises où la Bible n'est pas enseignée correctement et que font-ils ? Rien ! Ils se laissent faire ! Parfois, nous devons avoir le courage de reprendre nos pasteurs lorsque nous voyons qu'ils ne s'appliquent pas à l'étude et à la prédication de la Parole. Mais ne les reprenons pas seulement ; encourageons-les et prions pour eux. Libérons nos pasteurs des tâches administratives. La responsabilité pastorale de l'Église devrait aussi être partagée avec les « laïcs ». L'Église a constamment besoin de se rappeler la leçon d'Actes 6, lorsque les apôtres ont refusé de se laisser détourner du ministère de l'enseignement de l'Église. Ils ont délégué à d'autres les tâches sociales et administratives, afin de persévérer « dans la prière et dans le service de la parole » (Ac 6.1-4). Aujourd'hui encore, c'est la responsabilité de tous les membres de l'Église de s'assurer que la même priorité soit reconnue et appliquée dans l'Église.

Troisièmement, je voudrais exhorter les *parents* chrétiens à enseigner la Bible à leurs enfants. N'abandonnez pas cette charge à votre Église ou à l'école. Faites-le vous-mêmes, afin que vos enfants, tout comme ce fut le cas pour Timothée, apprennent à connaître les Écritures, dès leur petite enfance. Si vous faites cela, la future génération de responsables d'Église comprendra, ce qui n'est pas toujours le cas de la génération actuelle, le rôle indispensable de la Bible dans l'Église.

Nous devons donc accorder une place importante à la Bible, non pas pour en faire un objet d'adoration, mais parce que c'est par elle que Dieu s'adresse à notre monde. Puis, lorsque nous entendrons la voix de Dieu dans sa Parole, nous serons renouvelés, restaurés, ravivés, et nous arriverons à être, comme Dieu l'a toujours voulu, une lumière qui brille dans les ténèbres qui nous entourent.

5

Le chrétien et la Bible

Laissez-moi résumer brièvement ce que nous avons vu jusqu'ici. Nous avons parlé de :

- « Dieu et la Bible », parce que Dieu en est l'auteur ;
- « Christ et la Bible », parce que le Christ en est le thème ;
- « L'Esprit et la Bible », parce que l'Esprit est la source de son inspiration ;
- « L'Église et la Bible », parce que l'Église est bâtie sur la Bible et parce que l'Église est appelée à la garder et la faire connaître à d'autres.

Nous terminons en parlant d'un aspect plus personnel ou individuel – « le *chrétien* et la Bible ».

Je n'hésite pas à dire que la Bible est indispensable à la croissance et à la santé spirituelles du chrétien. Les chrétiens qui négligent la Bible ne grandissent pas. Quand Jésus disait, en citant Deutéronome, que l'homme ne vit pas de pain seulement, mais de toute parole qui sort de la bouche de Dieu, il affirmait que la Bible est tout aussi nécessaire à la santé spirituelle que la nourriture à la santé du corps. En disant cela, je n'écarte pas les gens qui n'ont pas encore la Bible dans leur langue maternelle ou les personnes illettrées qui ont la Bible, mais qui sont incapables de la lire. En réalité, ces personnes ne sont pas complètement coupées de la Parole, car elles peuvent la recevoir d'un pasteur, d'un missionnaire, d'un parent ou d'un ami. Je suis cependant convaincu que leurs vies seraient enrichies si elles avaient un accès direct à la Bible. D'ailleurs, c'est pour cette raison que tant de personnes ont eu à cœur de traduire la

> La Bible est tout aussi nécessaire à la santé spirituelle que la nourriture à la santé du corps

Bible dans les langues du monde. Mais ici je ne pense pas à ces cas de figure. Car notre problème n'est pas que nous n'avons pas accès à la Bible, mais que nous ne la lisons pas suffisamment, bien que nous y ayons accès. Nous devons la lire et la méditer tous les jours, nous devons l'étudier ensemble avec d'autres et nous devons écouter les prédicateurs qui nous l'expliquent lors des cultes. Sinon, nous ne grandirons pas. Notre croissance vers la maturité en Christ est intimement liée à une bonne connaissance de la Bible et à sa mise en pratique dans nos vies.

Je voudrais tenter de répondre à la question que vous pouvez vous poser : comment et pourquoi la Bible m'aide-t-elle à grandir en tant que chrétien ? Pour illustrer ma réponse, j'ai choisi de parler de l'histoire du lavement des pieds dans Jean 13. Lorsque Jésus termine de laver les pieds de ses disciples, après avoir remis son vêtement et être retourné à table, il parle immédiatement de lui-même comme de celui qui les enseigne : « Vous m'appelez : le Maître [littéralement : « l'enseignant »] et le Seigneur, et vous dites bien, car je (le) suis » (v. 13). Cela signifie clairement qu'en leur lavant les pieds, Jésus a voulu leur apprendre des vérités et des leçons pour leurs vies de disciples. Il semble y avoir trois types de leçons contenus dans ce texte.

a) Un enseignement sur sa personne

Jésus a volontairement choisi de faire de ses actes des paraboles de sa mission. Jean semble avoir compris cela, car il commence son récit en disant : « Jésus, qui savait [...] qu'il était venu de Dieu et qu'il s'en allait à Dieu, se leva de table » (v. 3-4). Puisqu'il savait ces choses, Jésus a décidé de les traduire en actes. Le meilleur commentaire de cela se trouve dans Philippiens 2, qui dévoile les étapes par lesquelles Jésus s'est volontairement humilié avant d'être exalté. Ce Jésus « s'est levé de table », tout comme il a quitté son trône céleste. Il « ôta ses vêtements », de la même manière qu'il s'est dépouillé et s'est vidé de sa gloire. Ensuite, il « prit un linge (la marque d'un serviteur) dont il s'entoura », tout comme il s'est fait serviteur des hommes en devenant un homme. Puis il « se mit à laver les pieds des disciples et à les essuyer avec le linge qu'il avait à la ceinture », faisant penser à sa mort à la croix pour nous laver de nos péchés. Après cela, il a repris ses vêtements et « se remit à table », tout comme il est retourné dans sa gloire et s'est assis à la droite du Père. Ces actes étaient donc une « mise en scène » de tout son ministère terrestre. Jésus leur apprenait des leçons le concernant : qui il était, d'où il venait et où il allait.

b) Un enseignement sur le salut

Jésus dit à Pierre : « Si je ne te lave, tu n'as point de part avec moi » (v. 8). En d'autres mots, le pardon des péchés est nécessaire pour jouir de la communion avec Jésus. Si nous n'avons pas été lavés, et jusqu'à ce que ce soit le cas, nous ne pouvons avoir aucune relation avec lui. Et, de manière encore plus subtile, Jésus fait une distinction entre deux différentes façons de se laver : le bain du corps d'une part, et le lavement des pieds, d'autre part. Les apôtres comprenaient bien cette allusion aux pratiques sociales de leur époque. Avant de rendre visite à un ami, on devait prendre un bain complet. Puis, en arrivant chez l'ami, on devait se faire laver les pieds par un serviteur. On n'avait plus besoin d'un bain, seulement d'un lavement des pieds. Ici, Jésus semble utiliser cette distinction culturelle, bien connue à son époque, pour enseigner une distinction théologique, un peu moins connue. Lorsque nous venons à Jésus pour la première fois par la repentance et la foi, nous sommes lavés complètement, comme par un bain. D'un point de vue théologique, c'est ce qu'on appelle la « justification » et la « régénération », et le « bain » du baptême en est le symbole. Puis, lorsqu'un chrétien tombe dans le péché, il a besoin non pas d'un nouveau bain (car nous ne pouvons pas être « re-justifiés » ou « re-baptisés »), mais d'un lavement des pieds : le pardon des péchés au quotidien. C'est pourquoi Jésus affirme au verset 10 : « Celui qui a pris un bain n'a plus besoin de se laver, sinon les pieds, car il est entièrement propre » (Bible en Français courant).

c) Un enseignement sur sa volonté pour nos vies

Avant le repas dans la chambre haute, les apôtres s'étaient disputés pour savoir à qui revenaient les meilleures places à table. Cette question les préoccupait tellement qu'ils avaient oublié de se laver avant de s'asseoir. Manifestement, il n'y avait pas de serviteur pour leur laver les pieds, et aucun d'entre eux ne voulait s'humilier en acceptant de laver les pieds des autres. C'est pourquoi, pendant le repas, Jésus s'est mis à faire ce qu'aucun d'entre eux n'avait voulu faire. Puis, après leur avoir lavé les pieds, il leur dit : « Si donc je vous ai lavé les pieds, moi le Seigneur et le Maître, vous aussi vous devez vous laver les pieds les uns aux autres ; car je vous ai donné un exemple, afin que, vous aussi, vous fassiez comme moi je vous ai fait. En vérité, en vérité, je vous le dis, le serviteur n'est pas plus grand que son seigneur [...] Si vous savez cela, vous êtes heureux, pourvu que vous le

> Le Seigneur Jésus s'est humilié en assumant le rôle du serviteur

mettiez en pratique » (v. 14-17). Le Seigneur Jésus s'est humilié en assumant le rôle du serviteur. Il veut que nous fassions comme lui.

Voilà donc les trois leçons que Jésus voulait enseigner à travers cet épisode du lavement des pieds. Tout d'abord, une leçon sur sa *personne*, ensuite une leçon sur son *salut* (qu'après avoir reçu le « bain » de la justification, nous n'avons plus besoin que du « lavement des pieds » du pardon) et enfin une leçon sur sa *volonté* (que nous devons nous laver les pieds les uns aux autres, c'est-à-dire que c'est dans le service envers nos frères et sœurs en Christ que nous leur exprimerons notre amour). Nous pouvons encore le dire autrement : Jésus a enseigné trois leçons qui nécessitaient *trois réponses*. En leur accordant une révélation de sa personne, il les invitait à *l'adoration*. En leur promettant le salut, il les invitait à la *confiance*. Et, en leur donnant le commandement de s'aimer les uns les autres et de se servir réciproquement, il les invitait à *l'obéissance*.

Je ne pense pas exagérer en disant que tous les enseignements dans la Bible se retrouvent dans l'une ou l'autre de ces trois catégories. Et, à chaque fois, ils invitent à l'une ou l'autre de ces trois réponses. Car, tout au long des Écritures, nous retrouvons :

- des révélations de Dieu, qui nous invitent à l'adoration ;
- des promesses de salut, qui nous invitent à la confiance ;
- des commandements qui nous invitent à l'obéissance.

Ayant vu l'exemple du lavement des pieds, nous parlerons plus en détail de ces trois aspects.

Des révélations de Dieu

La Bible est le livre dans lequel Dieu se dévoile aux hommes. Elle est, en quelque sorte, son autobiographie, le livre où il nous parle de lui-même. Progressivement, il nous fait découvrir toute la richesse de son être : en tant que *Créateur*, non seulement de l'univers, mais aussi et surtout des êtres humains, créés à son image, l'apogée de sa création ; en tant que *Dieu vivant* qui soutient et anime tout ce qu'il a fait ; en tant que *Dieu des alliances* qui a choisi Abraham, Isaac et Jacob et leurs descendants pour être un peuple qui lui appartienne ; en tant que *Dieu de grâce*, lent à la colère et toujours prêt à pardonner nos fautes, mais, en même temps, en tant que *Dieu de justice*, qui punit l'idolâtrie et l'injustice, tout aussi bien parmi son peuple que parmi les nations païennes. Puis, dans le Nouveau Testament, il se révèle comme le *Père de notre Seigneur et Sauveur, Jésus-Christ*, qui a envoyé son Fils dans ce monde afin qu'il partage notre condition humaine. Il a voulu qu'il naisse parmi nous, qu'il grandisse, qu'il vive, qu'il nous instruise, qu'il peine et qu'il souffre, qu'il meure, qu'il ressuscite, qu'il reprenne sa place sur le trône et qu'il nous envoie son Esprit. Dans le Nouveau Testament, il se révèle aussi comme le *Dieu d'une communauté nouvelle*, comme le *Dieu qui envoie son peuple dans ce monde dans la puissance du Saint-Esprit* pour témoigner de lui et le servir. Enfin, il est le *Dieu qui fera revenir Jésus-Christ avec gloire et puissance* – afin de sauver, juger, régner – le Dieu qui créera un nouvel univers et qui finira par être tout pour tous.

Cette révélation magnifique de Dieu (Père, Fils et Saint-Esprit), dont l'action se dévoile peu à peu depuis la création jusqu'à la nouvelle création et la consommation de toutes choses, nous pousse à la louange ! Quand nous voyons ces quelques bribes de la grandeur, de la gloire et de la grâce de Dieu, nous ne pouvons que tomber à genoux et lui apporter l'adoration qui lui est due, de nos lèvres, de nos cœurs et de nos vies. Il est impossible de lire la Bible correctement et ne pas adorer Dieu ! La Parole de Dieu suscite l'adoration de Dieu.

Des promesses de salut

Nous avons déjà vu que le principal but de Dieu dans la Bible est de « donner la sagesse en vue du salut par la foi en Christ-Jésus » (2 Tm 3.15). C'est pourquoi l'histoire de la Bible est l'histoire de Jésus-Christ ! L'Ancien Testament annonce sa venue, les Évangiles racontent sa vie terrestre et les Épîtres expliquent sa personne et son œuvre. Plus encore, la Bible ne se limite pas à nous présenter Jésus comme le Sauveur parfait des hommes ; elle nous encourage à venir à lui et à mettre notre foi en lui. Et elle nous fait la promesse que, si nous le faisons, nous recevrons le pardon de nos péchés et le don libérateur du Saint-Esprit. La Bible est pleine de promesses de salut. Elle nous promet une nouvelle vie en Christ, dans une communauté nouvelle constituée de tous ceux qui répondent à son appel. Jésus a adressé une promesse similaire à Pierre lors du lavement des pieds quand il lui dit, parlant des apôtres : « Vous êtes purs » (Jn 13.10). Pierre a dû s'accrocher souvent à cette promesse ! Lorsqu'il a renié son Maître, Dieu ne l'a pas rejeté. Pierre devait reconnaître sa faute, bien entendu, et s'en détourner. Il avait besoin que Dieu le pardonne et renouvelle son mandat d'apôtre. Mais il n'avait pas besoin d'un nouveau bain,

> Il est impossible de lire la Bible correctement et ne pas adorer Dieu ! La Parole de Dieu suscite l'adoration de Dieu

parce qu'il était « pur » – ou « propre » (Bible en Français courant). Ces paroles de Jésus ont dû rassurer son cœur et apaiser sa conscience troublée.

Au dix-septième siècle, un prédicateur anglais, du nom de John Bunyan, a écrit une allégorie de la vie chrétienne, appelée *Le Voyage du Pèlerin*. Dans ce livre, il décrit les difficultés qu'ont rencontrées deux voyageurs appelés « le Chrétien » et « l'Éspérant ». À un moment donné de l'histoire, ils se trouvent au pied du « château du Doute », appartenant au « géant Désespoir ». Ils sont emprisonnés par le géant et craignent pour leurs vies : la fuite ne semble guère possible. Puis, le troisième jour, ils « s'étaient mis à prier dès le milieu de la nuit… et jusqu'au point du jour ». Peu avant l'aube, Le Chrétien se rappelle qu'il possède « une clé nommée PROMESSE qui doit ouvrir sûrement toutes les serrures de ce château du Doute ». Encouragé par L'Espérant, Le Chrétien introduit la clé dans la serrure et « la porte s'ouvrit avec éclat ». Avec cette même clé, ils passent la porte de leur cellule, la porte extérieure et la porte en fer du château ; et le géant est incapable de les empêcher de partir.

Vous aussi, vous avez une clé appelée « Promesse », que Dieu vous a donnée dans sa Parole. Vous en êtes-vous déjà servi pour vous échapper du château du Doute ? Quand Satan cherche à nous persuader qu'il n'y a pas de pardon pour des pécheurs comme nous, ce n'est qu'en nous confiant dans les promesses que Dieu adresse aux pénitents dans sa Parole que nous pourrons être libérés de ses attaques. Quand nous sommes confus, nous devons apprendre à nous reposer dans la promesse de sa direction ; quand nous avons peur, nous devons compter sur la promesse de sa protection ; et, quand nous nous sentons seuls, nous devons nous rappeler la promesse de sa présence. Les promesses de Dieu gardent nos cœurs et nos pensées, car ce sont les promesses du salut.

Je voudrais dire un mot sur le baptême et sur la cène, car ce sont des signes qui contiennent des promesses. Il est clair que le baptême et la cène sont des signes visibles qui nous parlent d'autre chose. En particulier, ce sont des

> Quand nous sommes confus, nous devons apprendre à nous reposer dans la promesse de sa direction ; quand nous avons peur, nous devons compter sur la promesse de sa protection ; et, quand nous nous sentons seuls, nous devons nous rappeler la promesse de sa présence

signes de la grâce de Dieu qui nous rappellent que Dieu lave, pardonne et donne une nouvelle vie à ceux qui se repentent et mettent leur foi en Jésus. Ainsi, ils stimulent et affermissent notre foi.

Des commandements auxquels obéir

Après avoir fait sortir son peuple d'Égypte, Dieu leur a montré comment vivre en tant que peuple de Dieu. Ils étaient un peuple « à part » ; Dieu attendait d'eux qu'ils aient une conduite « à part ». C'est pourquoi il leur a donné les dix commandements, qui sont le résumé de sa volonté pour son peuple. Dans le Sermon sur la montagne, Jésus en a souligné les implications profondes pour ses disciples : notre « justice », dit-il, doit « dépasser » celle des scribes et des pharisiens (Mt 5.20). Elle doit être « plus grande » dans le sens d'être plus profonde, une justice intérieure, une obéissance volontaire et radicale qui vient du cœur.

De nos jours, il est particulièrement important de souligner cet appel de Dieu à une conduite morale. Car au moins deux groupes de personnes le rejettent. Tout d'abord, il y a ceux qui disent que le seul commandement absolu de Dieu est l'amour. Cela revient à dire que toutes les lois sont abolies, même si l'on ne le dit pas. L'amour seul suffit pour guider nos pas. Tout ce qui exprime l'amour est bon, disent-ils ; ce qui n'est pas compatible avec l'amour est mal. En réponse à cela, nous reconnaissons que l'amour véritable (le sacrifice de soi au service d'autrui) est la vertu chrétienne suprême et qu'obéir à ses exigences est loin d'être facile. Néanmoins, l'amour a besoin de cadre. *Comment* devons-nous aimer ? Ce sont les commandements de Dieu qui nous fournissent la réponse. L'amour ne peut se passer de la loi ; car « l'amour est [...] l'accomplissement de la foi » (Rm 13.8-10).

Deuxièmement, certains chrétiens évangéliques interprètent les affirmations de Paul, que « Christ est la fin de la loi » (Rm 10.4) et que « vous n'êtes plus sous la loi, mais sous la grâce » (Rm 6.14), comme voulant dire que nous ne sommes plus obligés d'obéir à la loi morale de Dieu. En faisant ainsi, disent-ils, nous nous abandonnons à un « légalisme » qui contredit la liberté que nous avons en Christ. Or, ces personnes ne comprennent pas ce que dit Paul. Le « légalisme » auquel Paul s'oppose n'est pas l'obéissance à la loi en tant que telle, mais la pratique de la loi en vue de mériter le pardon et la faveur de Dieu. Une telle chose n'est pas possible, écrit-il, car « nul ne sera justifié devant lui par les œuvres de la loi » (Rm 3.20).

Néanmoins, si nous avons été justifiés par la grâce de Dieu (c'est-à-dire déclarés justes devant lui uniquement grâce à sa faveur gratuite et imméritée, par la foi en Christ), non seulement nous sommes obligés d'obéir à sa loi, mais

> ## Christ nous libère, non pas en vue de la désobéissance, mais en vue de l'obéissance

nous le voulons ! En effet, Christ est mort précisément « pour que la justice prescrite par la loi soit accomplie en nous » (Rm 8.4) et l'Esprit nous est donné afin d'écrire sa loi sur nos cœurs (Jr 31.33 ; Ez 36.27 ; Ga 5.22-23). Christ nous libère, non pas en vue de la désobéissance, mais en vue de l'obéissance. Comme Jésus le dit à plusieurs reprises, si nous l'aimons, nous garderons ses commandements (Jn 14.15, 21-24 ; 15.14). Et ses commandements se trouvent dans sa Parole.

Nous voyons donc que dans la Bible, Dieu nous donne :

- des révélations de lui-même qui conduisent à l'adoration ;
- des promesses de salut qui stimulent notre foi ;
- des commandements qui nous font connaître sa volonté et qui exigent l'obéissance.

Ces trois choses montrent ce qu'est la vie de disciple, dont les principaux ingrédients sont l'adoration, la foi et l'obéissance. Tous les trois trouvent leur source et inspiration dans la Parole de Dieu. *L'adoration* est la réponse de l'homme à la révélation que Dieu fait de lui-même dans les Écritures. Préoccupés par la gloire de Dieu, nous ne pouvons que l'adorer. *La foi* s'exprime par une confiance sereine dans les promesses de Dieu. Elle nous délivre d'une expérience religieuse instable, des hauts et des bas, des élans du dimanche suivis des doutes du lendemain ! Seule la foi en Dieu peut nous délivrer de ces choses. Car nos sentiments varient, mais la Parole de Dieu ne changera jamais. *L'obéissance* est l'engagement à aimer Dieu en faisant ce qu'il nous demande. Elle nous délivre de la mare du relativisme moral et place nos pieds sur le roc des commandements absolus de Dieu.

De plus, l'adoration, la foi et l'obéissance – les trois ingrédients de la vie de disciple – nous font regarder à Dieu plutôt qu'à nous-mêmes. L'adoration nous fait voir sa gloire, la foi fait méditer ses promesses et l'obéissance nous soumet à ses commandements. La vie de disciple authentique n'est jamais égocentrique. Ainsi, la Bible est un livre merveilleusement libérateur. Elle nous fait sortir de nous-mêmes et centre nos vies sur la gloire, les promesses et la volonté de Dieu. Celui qui aime Dieu de cette manière (et qui aime les autres à cause de Dieu) est libéré des chaînes pesantes de l'égocentrisme. Le chrétien qui ne pense qu'à lui se paralyse. Seule la Parole de Dieu peut nous délivrer de la paralysie qui résulte de n'être préoccupés que de nous-mêmes.

Conclusion

La place vitale qu'occupe la Bible dans la vie chrétienne expose la dangerosité de la théologie libérale. En remettant en cause la confiance des gens en la Bible, cette théologie rend la vie de disciple pratiquement impossible. Laissez-moi développer. Tout chrétien est d'accord pour dire que la vie de disciple comporte ces trois éléments : l'adoration, la foi et l'obéissance. L'adoration, la foi et l'obéissance sont les éléments essentiels de la vie chrétienne. Sans eux, nous ne pouvons pas vivre en chrétiens. Or, aucun de ces trois éléments n'est possible sans une Bible fiable.

Comment pouvons-nous adorer Dieu, sans savoir qui il est, à quoi il ressemble et à quel type d'adoration il s'attend ? Nous ne sommes pas comme ces Athéniens qui adoraient un Dieu inconnu. Or, avant d'adorer Dieu, nous devons le connaître. Et nous pouvons le connaître en lisant la Bible.

Et comment pouvons-nous mettre notre foi et notre confiance en Dieu, si nous ne connaissons pas ses promesses ? La foi n'est pas la même chose que la superstition. Nous ne devons pas non plus croire sans preuve. La foi s'exprime dans une confiance réfléchie. Elle repose sur les promesses de Dieu, et sur le caractère du Dieu qui fait ces promesses. Sans les promesses, notre foi se fane et meurt. Et les promesses de Dieu se trouvent dans la Bible.

Enfin, comment pouvons-nous obéir à Dieu, sans connaître ses commandements et sans savoir ce qu'il veut ? L'obéissance chrétienne n'est pas une obéissance aveugle. Au contraire, nous obéissons par amour pour Dieu, les yeux grands ouverts. Car Dieu nous a donné ses commandements dans la Bible et nous montre qu'ils ne sont pas pénibles.

Ainsi donc, sans la révélation de Dieu, l'adoration est impossible ; sans les promesses de Dieu, la foi est impossible ; et, sans les commandements de Dieu, l'obéissance est impossible. Sans la Bible, la vie de disciple est donc impossible.

Réalisons-nous notre privilège d'avoir accès à la Bible ? Dans sa grâce, Dieu a pourvu à tous nos besoins de disciples. Il nous a révélé sa personne, son salut et sa volonté. Il est désormais

> Sans la révélation de Dieu, l'adoration est impossible ; sans les promesses de Dieu, la foi est impossible ; et, sans les commandements de Dieu, l'obéissance est impossible. Sans la Bible, la vie de disciple est donc impossible

possible de l'adorer, de lui faire confiance et de lui obéir. Autrement dit, nous pouvons vivre dans ce monde comme ses enfants bien-aimés. Nous devons donc lire la Bible au quotidien, en nous attendant à entendre sa voix. Le grand danger pour le chrétien, lorsque la lecture de la Bible devient une routine stérile, est de ne plus s'attendre à ce que Dieu lui parle. Nous ne la lisons plus avec la conviction que Dieu est prêt, capable et désireux de nous parler par sa Parole. Or, nous devons lire la Bible chaque jour, en formulant la prière de Samuel qui dit : « Parle, Éternel, car ton serviteur écoute » (1 S 3.9). Et il le fera ! Parfois, par sa Parole, il nous donnera une nouvelle révélation de sa personne ; nous apercevrons un aspect de sa gloire que nous n'avons jamais vu auparavant ; notre cœur sera ému au plus profond de nous-mêmes, et nous tomberons à genoux dans l'adoration. Parfois, par sa Parole, il nous fera part d'une promesse ; nous la saisirons, nous la tiendrons ferme, en disant : « Seigneur, je ne lâcherai pas cette parole avant qu'elle se réalise, et en attendant que ce soit vrai pour moi. » Parfois, par sa Parole, il nous donnera de nouveaux commandements ; nous verrons le besoin de nous repentir de notre désobéissance ; nous prierons et nous engagerons, par sa grâce, à obéir à sa Parole dans l'avenir.

> Nous devons lire la Bible chaque jour, en formulant la prière de Samuel qui dit : « Parle, Éternel, car ton serviteur écoute » (1 S 3.9). Et il le fera !

Nous conserverons ces révélations, ces promesses et ces commandements dans notre esprit, comme des provisions dans un placard bien rempli. Puis, le jour où nous en aurons besoin, nous pourrons aller y chercher des vérités, des promesses ou des commandements qui répondront à la situation dans laquelle nous nous trouverons. Sans cela, nous nous condamnons à ne plus jamais mûrir. Ce n'est qu'en méditant la Bible, en écoutant la voix de Dieu et en y répondant par l'adoration, la foi et l'obéissance, que nous croîtrons vers la maturité en Christ.

Postface

Dans cet ouvrage, j'ai voulu parler à la fois du « passé » de la Bible (d'où elle vient) et de son « présent » (ce qu'elle signifie pour nous aujourd'hui). J'ai essayé de développer une doctrine trinitaire des Écritures en tant que message qui :

- vient de Dieu (il a parlé et il parle encore aujourd'hui) ;
- est centré sur le Christ (il témoigne que la Bible lui rend témoignage) ;
- a été articulé par le Saint-Esprit à travers les auteurs humains (de manière à ce que leurs paroles correspondent aux siennes).

L'utilité pratique de la Bible aujourd'hui, à la fois pour l'Église et pour le chrétien, dépend de notre acceptation ou non de son origine et de son but divins. Paul lui-même a associé ces deux choses lorsqu'il décrit « toute l'Écriture » comme étant, d'une part « inspirée de Dieu » (soufflée ou sortie de sa bouche), et, d'autre part, comme « utile » (2 Tm 3.16-17). Elle est utile « pour enseigner, pour convaincre, pour redresser, pour éduquer dans la justice », précisément parce qu'elle est sortie de la bouche de Dieu. Ainsi, nos convictions concernant la Bible et son utilité pour nos vies vont de pair. Ce que nous pensons de la Bible a une grande importance.

Je suis extrêmement troublé en voyant l'attitude peu respectueuse envers la Bible de nos jours. C'est pourquoi j'ai un désir profond de voir la Bible reprendre sa place dans nos foyers chrétiens et retrouver sa place au cœur de la prédication à travers le monde. Ce n'est qu'à la condition de cette priorité que l'Église entendra la Parole de Dieu et en tiendra compte. Ce n'est qu'à la condition de cette priorité que le peuple de Dieu apprendra à associer sa vie à sa foi, en cherchant à appliquer les enseignements de la Bible à ses pratiques éthiques et économiques, au mariage et à la famille, au travail et à la citoyenneté. Ce n'est qu'à la condition de cette priorité que l'Église pourra aspirer à être le

> J'ai un désir profond de voir la Bible reprendre sa place dans nos foyers chrétiens et retrouver sa place au cœur de la prédication à travers le monde. Ce n'est qu'à la condition de cette priorité que l'Église entendra la Parole de Dieu et en tiendra compte

sel et la lumière du monde, comme Jésus le veut, et avoir un réel impact sur la culture de nos pays respectifs, sur ses lois et sur ses institutions, sur ses valeurs et sur ses idéaux.

Cependant, le bénéfice pratique de la Bible – pour le chrétien, pour l'Église, pour la famille, pour la nation – ne devrait pas être la principale raison pour laquelle nous désirons voir la Bible reprendre sa place parmi nous. La principale raison devrait être la gloire de Dieu ! Si nous parlons, à juste titre, de la Parole *de Dieu* (qui nous est communiquée par les paroles d'hommes), dans ce cas, négliger la Bible, c'est négliger Dieu. Mais, écouter la Parole, c'est l'écouter, lui. Par-dessus tout, la raison pour laquelle nous devrions laisser la Parole de Dieu habiter en nous « avec sa richesse » (Col 3.16) n'est pas pour nous enrichir, mais afin que lui soit honoré et glorifié. Il veut non seulement que nous vivions une vie chrétienne, mais aussi que nous ayons une « intelligence » chrétienne. Mais, pour avoir une intelligence chrétienne, nous avons besoin de *sa* pensée, nous avons besoin de « la pensée de Christ » (voir 1 Co 2.16 ; Ph 2.5). Et notre intelligence ne peut se conformer à la sienne qu'en étant totalement imprégnée de la Parole de Dieu. C'est pour cette raison que nous avons besoin de *la Parole de Dieu pour le monde d'aujourd'hui.*

> Notre intelligence ne peut se conformer à la sienne qu'en étant totalement imprégnée de la Parole de Dieu

Lectures conseillées pour aller plus loin

CROWTER, Phil, *Prêcher la Grande Histoire de Dieu*, Carlisle, Cumbria, Langham Preaching Resources, 2012.

ROBERTS, Vaughan, *Panorama de la Bible*, Paris/Valence, Farel/LLB, 2012.

STOTT, John R. W., *Comprendre la Bible*, Charols, Grâce et Vérité, 2015.

WRIGHT, Christopher J. H., *Le Salut appartient à notre Dieu*, Paris, Farel, 2011.

Table des matières

Langham™
PARTNERSHIP

Langham Literature, et sa branche éditoriale, est un ministère de Langham Partnership.

Langham Partnership est un organisme chrétien international et interdénominationnel qui poursuit la vision reçue de Dieu par son fondateur, John Stott :

promouvoir la croissance de l'église vers la maturité en Christ en relevant la qualité de la prédication et de l'enseignement de la Parole de Dieu.

Notre vision est de voir des églises équipées pour la mission, croissant en maturité en Christ, par le ministère de pasteurs et de responsables qui croient, qui enseignent et qui vivent la Parole de Dieu.

Notre mission est de renforcer le ministère de la Parole de Dieu de trois manières :
- par la mise en place de mouvements nationaux de formation à la prédication biblique
- par la rédaction et la distribution de livres évangéliques
- par la formation d'enseignants théologiques évangéliques qualifiés qui formeront ensuite des pasteurs et responsables d'églises dans leurs pays respectifs

Notre ministère

Langham Preaching collabore avec des responsables nationaux en vue de la création de mouvements de prédication biblique dirigés par les nationaux eux-mêmes. Ces mouvements, qui naissent progressivement un peu partout dans le monde, rassemblent non seulement des pasteurs mais aussi des laïcs. Nos équipes de formateurs venus de beaucoup de pays différents proposent une formation pratique qui comporte plusieurs niveaux, suivie d'une formation de facilitateurs locaux. La continuité est assurée par des groupes de prédicateurs locaux et par des réseaux régionaux et nationaux. Ainsi nous espérons bâtir des mouvements solides et dynamiques, constitués de prédicateurs entièrement consacrés à la prédication biblique.

Langham Literature fournit des livres évangéliques et des ressources électroniques par la publication et la distribution, par des subventions et des réductions à des leaders et futurs leaders, à des étudiants et bibliothèques de séminaires dans le monde majoritaire. Nous encourageons aussi la rédaction de livres évangéliques originaux dans de nombreuses langues nationales par le biais de bourses pour des écrivains, en soutenant des maisons d'éditions évangéliques locales, et en investissant dans quelques projets majeurs comme *le Commentaire Biblique Contemporain* qui est un commentaire de la Bible en un seul volume rédigé par des auteurs africains pour l'Afrique.

Langham Scholars soutient financièrement des doctorants évangéliques du monde majoritaire dans le but de les voir retourner dans leurs pays d'origine pour former des pasteurs et d'autres chrétiens nationaux en leur proposant un enseignement biblique et théologique solide. Cette branche de Langham cherche donc à équiper ceux qui en équiperont d'autres. Langham Scholars travaille aussi en partenariat avec des séminaires dans le monde majoritaire afin de renforcer l'éducation théologique évangélique sur place. De ce fait, un nombre croissant de « Langham Scholars » (le nom « Scholars » signifie « boursiers ») peut aujourd'hui suivre des programmes doctoraux de haut niveau au cœur même du monde majoritaire. Une fois leurs études terminées, ces « Langham Scholars » vont non seulement former à leur tour une nouvelle génération de pasteurs mais exercer une grande influence par leurs écrits et par leur leadership.

Pour plus d'informations, consultez notre site: langham.org